ଟ୍ରକ୍ ଡାଲାରେ ସନାତନ

ଟ୍ରକ୍ ଡାଲାରେ ସନାତନ

ଡକ୍ଟର ପ୍ରସନ୍ନ କୁମାର ମିଶ୍ର

BLACK EAGLE BOOKS
2021

BLACK EAGLE BOOKS

USA address:
7464 Wisdom Lane
Dublin, OH 43016

India address:
E/312, Trident Galaxy, Kalinga Nagar,
Bhubaneswar-751003, Odisha, India

E-mail: info@blackeaglebooks.org
Website: www.blackeaglebooks.org

First Published in 1991
by Govind Charan Patra of Odisha Book Store
Binod Bihari, Cuttack-2

First International Edition Published by
BLACK EAGLE BOOKS, 2021

TRUCK DALARE SANATANA
by **Dr. Prasanna Kumar Mishra**

Copyright © **Prachitara Mishra**

All rights reserved. No part of this publication may be reproduced, stored in a retrieval system, or transmitted, in any form or by any means, electronic, mechanical, photocopying, recording or otherwise without the prior permission of the publisher.

Cover Design: **Ramakanta Samantaray**

Interior Design: Ezy's Publication

ISBN- 978-1-64560-173-9 (Paperback)

Printed in the United States of America

...ଟ୍ରକ୍‌ର ଡାଲାରେ ବସି
କୁଆଡ଼େ ଯାଉଚୁ ରେ ସନାତନ !
ଥେରୁଭାଲି ନା ଦାମନଯୋଡ଼ି ?
ଯୁଆଡ଼େ ଯା' ସବୁଠି ପାହାଡ଼ ।
ସବୁଠି ପାହାଡ଼ ଭାଙ୍ଗି କରିବାକୁ ହେବ ଧୂଳି ।

ଉତ୍ସର୍ଗ

ଯେଉଁ ମରମୀ ପାଠକଗଣ
ସନାତନର ଉଦୟକୁ
ଅପେକ୍ଷା କରି ରହିଛନ୍ତି
ସେଇମାନଙ୍କ ହାତରେ-

ପ୍ରସନ୍ନ

ପୂର୍ବରୁ ଦି-ପଦ

କବିତା ସଂକଳନଟିର ପ୍ରକାଶ ଅବସରରେ ମୋ' ମନରେ ଆଶଙ୍କା ଉପୁଜିଛି। କାରଣ ସନାତନ କୌଣସି ପୁରାଣ ବର୍ଣ୍ଣିତ ଦେବତା ନୁହଁ, ନୁହେଁ ବି ଇତିହାସର ରାଜା-ମହାରାଜା ଅଥବା ଧର୍ମ-ପ୍ରବର୍ତ୍ତକଙ୍କ ଭଳି ଉଲ୍ଲେଖନୀୟ ବ୍ୟକ୍ତି।

ସେ ତ ମାଟିରେ ଗଢ଼ା ଖଟିଖିଆ ମଣିଷ। ଏକ ପରି ଦିଶିଲେ ବି ବାସ୍ତବରେ ସେ ଅନେକ। ଏକ ସାମୂହିକ ଜୀବନ ତା'ର ଜୀବନ ବୋଲି ଧରି ନିଆଯାଇପାରେ। କାରଣ ନିଜକୁ ବ୍ୟକ୍ତି ବୋଲି ଜାହିର୍ କରିବାକୁ ସେ କେବେ ସୁଖ ପାଇନି।

କୁହାଯାଇପାରେ ସନାତନ... ଏକ ସମ୍ମିଳିତ ଆକାଂକ୍ଷା।

କାବ୍ୟ-କଳା ଭିତରକୁ ସନାତନକୁ ଆଣିବା ମୋର ଦୁଃସାହସ।

ସେଇଥିପାଇଁ ଆଶଙ୍କା, - ସନାତନ ନ୍ୟାୟ ପାଇବ ତ !

ତେବେ, ସନାତନର ଜନ୍ମ ପାଇଁ ମୁଁ ଆଦୌ ଲଜ୍ଜିତ ଅଥବା ଦୁଃଖିତ ନୁହଁ। ବରଂ, ଏକ ସାର୍ଥକତାର ଆନନ୍ଦରେ ବେଳେବେଳେ ମୁଁ ବିହ୍ୱଳ ହୋଇଯାଉଚି।

କବିତାଗୁଡ଼ିକ ଭିତରେ ସନାତନ ଯେମିତି ଓ ଯେତିକି ପ୍ରସ୍ଫୁଟିତ ହୋଇଚି ତା' ବାହାରେ ତା' ବିଷୟରେ ଅଧିକ କିଛି ଉଲ୍ଲେଖ କରିବାକୁ ମୋ'ର ଇଚ୍ଛା ନାହିଁ। ଏତିକି କୁହାଯାଇପାରେ ଯେ- ଏଇ ସନାତନର ପିଣ୍ଡ ଭିତରେ ନ'ଅଙ୍କପୀଡ଼ିତ ସନାତନର କଙ୍କାଳ ଅଛି।

ଓଡ଼ିଆ ଜାତିର ନିଜସ୍ୱ ମିଥ୍ କ'ଣ ?

ବନ୍ୟା-ମରୁଡ଼ି-ବାତ୍ୟାର ପ୍ରଚଣ୍ଡ ଶତ୍ରୁତା, ରାଜା-ମହାରାଜାଙ୍କ

ନିରବଚ୍ଛିନ୍ନ ଶୋଷଣ, ବୈଦେଶିକ ଶକ୍ତିର କ୍ରମାଗତ ଆକ୍ରମଣ ଓ ଲାଂଛନା ଭିତରେ ଏ ଜାତି ବଂଚି ରହିଚି କେଉଁ ମିଥ୍‌କୁ ସମ୍ବଳ କରି ?

ଓଡ଼ିଆ ଜାତିର ସ୍ୱାଭିମାନ ଓ ଉତ୍ତରଣ ସୂଚାଉଥିବା ମିଥ୍‌ଗୁଡ଼ିକର ସନ୍ଧାନ କରୁ କରୁ ସନାତନ ସହିତ ମୋର ପରିଚୟ ହୁଏ। ଯାହା ବିଷୟରେ ଏକଦା କବି ରାମକୃଷ୍ଣ ନନ୍ଦ ଲେଖିଥିଲେ-

"ସନାତନ ନାମେ   ବାଳକଟିଏ ସେ
  ଦୂର ଗାଁ-ଗଣ୍ଡା ବୁଲି,
ମା' ଭାଇ ପାଇଁ   ଭିକ ମାଗୁଥିଲା
  କାନ୍ଧରେ ପକାଇ ଝୁଲି" (ଝୁମୁକା)

କ୍ରମଶଃ ସେଇ ପରିଚୟ ହେଲା ନିବିଡ଼ ଓ ଅନ୍ତରଙ୍ଗ। ମୁଁ ଅନୁଭବ କରିବାକୁ ଲାଗିଲି ସନାତନକୁ ମୋ' ଜାତିର ପ୍ରାଣ-ପ୍ରବାହ ମଧ୍ୟରେ। କ୍ରମେ ସେ ହୋଇ ଉଠିଲା ମୋ' ପାଇଁ ଚୈତନ୍ୟ ପୁରୁଷ।

ଏ କବିତାଗୁଡ଼ିକୁ ତା' ସହିତ ମୋର ବା ସମଷ୍ଟି ସହିତ ବ୍ୟକ୍ତିର ଅନ୍ତରଙ୍ଗ କଥୋପକଥନ ଭାବେ ଗ୍ରହଣ କରାଯାଇପାରେ।

ଗୋଟିଏ ଜାତିର ଜନ-ସାଧାରଣଙ୍କ 'ମିଥ୍-ପୁରୁଷ' ଭାବେ ମୁଁ ସନାତନକୁ ମାନି ନେଲି। ତା' ସହିତ ମୋର ଆତ୍ମୀୟତା ନିର୍ଦ୍ଧାରିତ ହୋଇଗଲା। ସେ ମୋର କାବ୍ୟାତ୍ମାକୁ ଚଞ୍ଚଳ କଲା, ଭରିଦେଲା ବାସ୍ତବ-ସ୍ୱପ୍ନରେ ଓ ଭବିଷ୍ୟ-କଳ୍ପନାରେ।

ବିନା ବିବାଦରେ ସନାତନ ହୋଇଯାଇଚି କାବ୍ୟାତ୍ମା।

ସମଷ୍ଟି ଚେତନାର ସେଇ ମହାର୍ଘ ବିଗ୍ରହ ନିକଟରେ ନତ-ମସ୍ତକ ହେବାରେ ମୋର ଆପତ୍ତି ନାହିଁ।

ବିଗତ ବର୍ଷଗୁଡ଼ିକ ମଧ୍ୟରେ ସନାତନ ମୋ ପଥ-ପ୍ରଦର୍ଶକ ହୋଇ ରହିଆସିଚି। ଜାଣେନା, ପାଠକମାନେ ତା' ସହିତ ନିଭୃତରେ କଥାବାର୍ତ୍ତା କରିଛନ୍ତି କି ନାହିଁ। ତେବେ, ଆଜି ଏତିକି କହିବାକୁ ଇଚ୍ଛା-

"ହେ ମୋର ପ୍ରିୟ ପାଠକ!
ସନାତନ ଆଗେ ଆଗେ ଚାଲିଛି,
ମୁଁ ତା'ର ପଛେ ପଛେ।

ତୁମେ ଯୁଆଡ଼େ ଯାଅ
କ୍ଷେତକୁ ବା ଜିଅଲକୁ

ସନାତନ ତୁମକୁ ଅଭୟ ଦେବାକୁ
ପହଞ୍ଚିଯିବ।

ଭାଙ୍ଗି ପଡ଼ିଲେ ତୁମେ ସନାତନକୁ ଡାକ
ସେ ତୁମର ଶିରା ଭିତରକୁ
ପଶି ଆସିବ। ସଜାଡ଼ିଦେବ ସ୍ନାୟୁ,
ସିଧା କରିଦେବ ତୁମର ମେରୁଦଣ୍ଡ।"

କବିର ସମାଜ-ସମ୍ପର୍କକୁ ସନ୍ଦେହ ଚକ୍ଷୁରେ ଦେଖିବାର ଯୁଗ ଶେଷ ହୋଇ ଯାଇଚି। କବି ତା'ର ଚଉପାଶକୁ କେବଳ ସ୍ୱାର୍ଥ ଦୃଷ୍ଟିରେ ସମ୍ମୋହିତ ଭାବେ ଅଥବା ଆସକ୍ତ ରୂପେ ଦେଖେ ନାହିଁ। ତା' ଭିତରେ ଏକ ଶୁଭ-କାମନା ଅଛି, କଲ୍ୟାଣ-ଭାବ ଅଛି, ପ୍ରେମ ଅଛି, ଯେଉଁଥିପାଇଁ ବ୍ୟକ୍ତିଗତ ଭାବେ ସେ ତ୍ୟାଗ କରିବାକୁ ପ୍ରସ୍ତୁତ ଓ ଯନ୍ତ୍ରଣା ସହିବାକୁ ପ୍ରସ୍ତୁତ। ରକ୍ତାକ୍ତ ହେଲେ ବି ସେ ଦୁଃଖିତ ହେବ ନାହିଁ। ଆତ୍ମ-କୈନ୍ଦ୍ରିକ ଜୀବନ ତା'ର ନିଜସ୍ୱ ପସନ୍ଦ ନୁହେଁ। ଜନତା ଭିତରେ ବିନ୍ଦୁ ବିନ୍ଦୁ ହୋଇ ପ୍ରସାରିତ ହେବାରେ ତା'ର ତୃପ୍ତି।

ହୁଏତ କାବ୍ୟ-କଳାର ଉତ୍ତରଣ ପାଇଁ କବି ଐତିହ୍ୟକୁ ସ୍ମରଣ କରେ ଏବଂ ଅତୀତରୁ ଉପାଦାନ ସଂଗ୍ରହ କରି ନିଜ ଭିତରେ ଉତ୍ସାହର ଫୁଆରା ସୃଷ୍ଟି କରେ। କିନ୍ତୁ ସେସବୁ ସାଧନ କରୁଥିବା ବେଳେ ମଧ୍ୟ ତା'ର ଉପଲବ୍ଧି ହୁଏ ଯେ ସେ ପ୍ରକୃତରେ ଅତୀତର ନୁହଁ। ପୁରାତନ ଆକାଂକ୍ଷାଗୁଡ଼ିକୁ ସଜାଡ଼ି ନିଜକୁ ସେସବୁରେ ଯେତେ ଓ ଯେମିତି ପ୍ରତିବିମ୍ବିତ କଲେ ମଧ୍ୟ ଫଳାଫଳ ସନ୍ତୋଷଜନକ ହୋଇପାରିବନି।

ଏଇଥିପାଇଁ ସେ ନିଜ ସମୟକୁ ଖୋଜେ। ଚଉପାଶ ସହିତ ଆତ୍ମୀୟତା ବଢ଼ାଏ। ଗତାନୁଗତିକ ସମାଜ ପାଖକୁ ପ୍ରତିଦିନ ଫେରାଦ ହେବାକୁ ଯାଏ, ଆପତ୍ତି ଜଣାଏ। ବେଳେବେଳେ ବିଦ୍ରୂପ କରେ। ତା' ସହିତ କିଛି ପରାମର୍ଶ ଦିଏ । ଯଦିଓ ପରାମର୍ଶ ଦେବାଟା କବିର ଇଚ୍ଛାକୃତ ନୁହଁ, ବେଳେବେଳେ ତାକୁ ବାଧ୍ୟ କରାଯାଏ କିଛି କହିବାକୁ। କିନ୍ତୁ କବିର ପରାମର୍ଶ ତ ସାଂଘାତିକ। ସମାଜ ତାହା ଗ୍ରହଣ କରିବାକୁ ସବୁବେଳେ କୁଣ୍ଠିତ ହୋଇଥାଏ ବୋଲି କବି ସବୁଦିନେ ଆପଣା ବାକ୍ୟ ପାଇଁ ଦୁଃଖ ଭୋଗୁଥାଏ।

ତେବେ ତା' ଦୁଃଖ ହିଁ ତା'ର କଳା। ଏବଂ ସେଇ ଦୁଃଖ ଭିତରେ ସମାଜଟା ଶତ୍ରୁରୂପେ ବା ମିତ୍ରରୂପେ ସାମିଲ ହୋଇଥିବାରୁ କଳାର ଏତେ ମହତ୍ତ୍ୱ।

ମୁଁ କଳା କ୍ଷେତ୍ରରେ ନିରାଡ଼ମ୍ବର ରହିବାକୁ ପସନ୍ଦ କରେ। ଅତି ସାଦା-ସିଧା ଆକାଂକ୍ଷାଗୁଡ଼ିକୁ ପ୍ରକାଶ କରିବା ପାଇଁ ଖୁବ୍ ବେଶୀ ବାଗାଡ଼ମ୍ବରର ମଧ୍ୟ ଆବଶ୍ୟକତା

ନାହିଁ। ବିଶେଷକରି ସନାତନ ଭଳି ଏକ ସାଦା ମଣିଷ ପାଇଁ ଶବ୍ଦ-ସମାରୋହର କ'ଣ ବା ପ୍ରୟୋଜନ ? ତେଣୁ ସାଦା-ସିଧା ବାକ୍ୟ ଭିତର ଦେଇ କାବ୍ୟ-କଳାର ଯେଉଁ ରୂପଟି ଗଢ଼ି ହୋଇଚି, ସେଥିରେ ମୁଁ ସନ୍ତୋଷ ପ୍ରକାଶ କରୁଛି। ଆଶା, ବିଦଗ୍ଧ ପାଠକଗଣ, ଯଦି ସେମାନେ ସନାତନ ନିକଟକୁ ଆସନ୍ତି, କବିତାଗୁଡ଼ିକ ମଧ୍ୟରେ ଅଳଙ୍କାର ଖୋଜିବେ ନାହିଁ। ଆତ୍ମିକ-ବିଭବ ଦେଖିବେ।

କହି ରଖୁଚି-ଏସବୁ କବିତାରେ ଶାସ୍ତ୍ର କମ୍, ତତ୍ତ୍ୱ କମ୍ ଅଛି। ଅତିବେଶୀ ଜୀବନ ଓ ସମ୍ପର୍କ। ଦୃଷ୍ଟିଭଙ୍ଗୀରେ ମୁକ୍ତତା ମୋର ଶୈଳୀ। ତେଣୁ କେଉଁ ବ୍ୟକ୍ତି, କୌଣସି ବାଦ-ପ୍ରତିବାଦ ବା ସଂସ୍କାରର ପ୍ରତିବିମ୍ବ ଅଥବା ସେପରି କିଛିର ଅନୁସରଣ-ଏଥିରେ ନିଶ୍ଚୟ ବିରଳ।

କଳା କ୍ଷେତ୍ରରେ ପରମ୍ପରାବାଦୀ ହେବା ଅଥବା ହୋଇଯିବା କେବେ ଉତ୍ସାହଜନକ ହୋଇନପାରେ। ଯଦିଓ ପରମ୍ପରାବାଦୀମାନଙ୍କ ସଂଖ୍ୟା ହିଁ କଳା-ଜଗତରେ ସର୍ବାଧିକ। ଯାହା ଏକଦା 'ଆଧୁନିକ' ଥିଲା, ତାହା ଯେ ଏବେ ପାରମ୍ପରିକ-ଏକଥା ବୋଧେ ଅନେକ ବୁଝିପାରନ୍ତି ନାହିଁ। ଅର୍ଥାତ୍, ନିଜର ଚିନ୍ତାଧାରା ଓ ଶୈଳୀରେ ଉପଯୁକ୍ତ ସମୟରେ ପରିବର୍ତ୍ତନ ନ ଆଣି ଯେଉଁମାନେ କଳା-ସାଧନା କରନ୍ତି, ତାଙ୍କ ଚିନ୍ତା-ପ୍ରବାହରେ ଯେ ରକ୍ଷଣଶୀଳତାର ଗଣ୍ଠି ପଡ଼ିଲାଣି, ନେଳି ଲାଗିଲାଣି ଓ ଆଉ ସେମାନେ ଆଗକୁ ଯାଇପାରୁ ନାହାନ୍ତି- ତା' ସେମାନେ ବୁଝିପାରନ୍ତି ନାହିଁ। ଏଇ ବୁଝି ନ ପାରିବାଟା ହେଉଛି ତାଙ୍କର ବାର୍ଦ୍ଧକ୍ୟ।

ନିଜର ବ୍ୟକ୍ତି-ବିଶ୍ୱରୁ ମୁକୁଳି ବାରମ୍ବାର ବାହାରକୁ ଯାଉଥିଲେ, ଜଗତ୍ ସହିତ ଆତ୍ମୀୟତା ଦିନ-ପ୍ରତିଦିନ ରଖୁଥିଲେ, ନିଜ ଅନୁଭବକୁ ଜଗତର ଅନୁଭବ ସହିତ ନିରତ ମିଶାଇ ଦେଉଥିଲେ- ଗଣ୍ଠି ପଡ଼ିବା ବା ସଂସ୍କାରଗ୍ରସ୍ତ ହେବାର ସମ୍ଭାବନା ରହିବ ନାହିଁ ବୋଲି ମୋର ବିଶ୍ୱାସ। ତା' ଫଳରେ କଳା-ସୃଷ୍ଟି ଏକ ସଦା-ଗ୍ରହଣଶୀଳ ଅବସ୍ଥାରେ ଉପନୀତ ହୋଇପାରିବ।

ପରିଶେଷରେ, ଓଡ଼ିଆ କବିତାକୁ ଜନମୁଖୀ କରିବା ଦିଗରେ ମୋର ଏ ସାମାନ୍ୟ ପ୍ରଚେଷ୍ଟା ସ୍ୱୀକୃତି ଲାଭ କରିବ ବୋଲି ବିଶ୍ୱାସ ରଖୁଚି।

କଟକ-୧ **ପ୍ରସନ୍ନ କୁମାର ମିଶ୍ର**

୧୯୯୧

କୃତଜ୍ଞତା

ବାପାଙ୍କ ଅବର୍ତ୍ତମାନରେ ପ୍ରାୟ ତିନି ଦଶନ୍ଧି ତଳେ ପ୍ରକାଶିତ ଲୋକପ୍ରିୟ ସଂକଳନ 'ଟ୍ରକ ଡାଲାରେ ସନାତନ'ର ପୁନଃସଂସ୍କରଣ ପାଇଁ ଉତ୍ସାହିତ କରିଥିବାରୁ ମୁଁ ବ୍ଲାକ୍ ଇଗଲ୍ ବୁକ୍ସର ପ୍ରକାଶକ ଶ୍ରୀ ସତ୍ୟ ପଟ୍ଟନାୟକଙ୍କ ନିକଟରେ କୃତଜ୍ଞ।

କରୋନା ମହାମାରୀ ଧନୀ-ଗରିବ, ପ୍ରାଚ୍ୟ-ପାଶ୍ଚାତ୍ୟ ନିର୍ବିଶେଷରେ ସମଗ୍ର ବିଶ୍ୱକୁ ଏକାକାର କରିଦେଇଛି। ପୁଞ୍ଜିବାଦୀ ହୁଅନ୍ତୁ ଅଥବା ଖଟିଖିଆ, ଜୀବନ ଓ ସମ୍ପର୍କର ମୂଲ୍ୟ ସଭିଙ୍କ ପାଇଁ ସମାନ ପ୍ରମାଣିତ ହୋଇଛି। ଏପରି ଏକ ସମୟରେ 'ସନାତନ'ର କାବ୍ୟାତ୍ମା ଜାତି-ପ୍ରାଣ ଭିତରେ ସାମିଲ ହେବ ବୋଲି ମୋର ଆଶା।

କବି କନ୍ୟା
ପ୍ରାଚୀତାରା

ଡକ୍ଟର ପ୍ରସନ୍ନ କୁମାର ମିଶ୍ରଙ୍କ କେତୋଟି ବିଶିଷ୍ଟ ରଚନା:

କବିତା:

- ରନ୍ଦ୍ଵୀପର ମାଝି
- ବସନ୍ତର ସ୍କେଚ୍
- ଅଦୃଶ୍ୟ ସଙ୍ଗମ
- ସାରା ଆକାଶରେ ତା'ର ଡାକ
- ଆ ପକ୍ଷୀ ଫେରିଆ
- ଯଦି ଥା'ନ୍ତା ଡେଣା (ଶିଶୁ)
- କହୁଚି ମୁଁ ବିଜୁଳି (ଶିଶୁ)
- ଲାଲ୍‌ଘୋଡ଼ାର ଗାଥ (ଶିଶୁ)

ଉପନ୍ୟାସ: • ବଢ଼ିପାଣିର ଦାନ୍ତ • ଅସୁର

ନାଟକ: • ପ୍ରେମ ଖେଳ • ଅନାଟକ • ଛଣ-ମୂର୍ତ୍ତି • ସୁବର୍ଣ୍ଣ ବସୁଧା • ଜୀବନ ନାମକ ଗଛରେ ଦୁଃଖ ନାମକ ଫୁଲ • ଜନସେବକ (ସାହିତ୍ୟ ଏକାଡେମୀ ପୁରସ୍କାରପ୍ରାପ୍ତ) • ଯେଉଁମାନେ ପ୍ରଧାନମନ୍ତ୍ରୀ ହେବେ(ଶିଶୁ)

ଗଳ୍ପ: • ନିଜକୁ ରାଧା ମନେ କରି

ଗବେଷଣା: • ପୂର୍ବ-ଭାରତର ହିନ୍ଦୁ ଲୋକ-ମିଥ୍ • ଓଡ଼ିଶା • ଓଡ଼ିଶାର କିମ୍ବଦନ୍ତୀ • ସୂର୍ଯ୍ୟ

ରମ୍ୟ ରଚନା: • ମୁଁ ନଈ କହୁଚି (ଶିଶୁ)

ଏବଂ ଅନେକ ଅନୁବାଦ ଓ ଶିଶୁ ପୁସ୍ତକ।

ସୂଚୀପତ୍ର

କଠଉ-ଅଙ୍କା ସାପ	୧୭
ଗୃହ ପ୍ରସ୍ଥ	୧୮
କୋଇଲିଠାରେ ପ୍ରାଣବିକା	୨୧
ସୂର୍ଯ୍ୟ କଥା	୨୩
ସାପ ଫଣାର ତଳେ	୨୫
ଅଥବା ସନ୍ନ୍ୟାସ	୩୧
ପାଟି ଖୋଲିଲେ ସର୍ବନାଶ	୩୩
ପଞ୍ଜାବି ପକେଟରେ ଦିଆସିଲି	୩୮
ଟ୍ରକ୍-ଡାଲାରେ ସନାତନ	୪୧
ବିଶ୍ୱରୂପ	୪୬
ମରିବାକୁ ପଡ଼ିବନି ବନ୍ଧୁକ ଗୁଳିରେ	୫୦
ବନ୍ଧୁକଧାରୀ ମେଘ	୫୨
ବରଗଛ	୫୪
କହି ଦେ	୫୬
ଠୋପା ଠୋପା ଝାଳ ସଅଁପି ବିଲକୁ...	୫୮
କାନ୍ଦିବାର ଦିନ	୬୧
ଅପଢ଼	୬୪
ଅବାଞ୍ଛିତ ଉପାଖ୍ୟାନ	୬୯
କହିବାକୁ ଆସିଚି	୭୨
ସହିଦ	୭୫
କାନ୍ଧରେ ଲଙ୍ଗଳ	୭୭
ଫର୍ନେସ୍ ସହିତ ବନ୍ଧୁତା	୭୯
ଆର୍ତ୍ତି ନୁହଁ; ଆହ୍ୱାନ	୮୧
ଦୋହରା ବିକ୍ଷୋଭ ! ପ୍ରଣାମ	୮୫
କାନ୍ଧ	୮୮
କେଉଁଠି ପୋତି ହୋଇଚି	୯୦
ଗିରଫ ହୋଇଥିବା ପ୍ରଶ୍ନ	୯୩
ସନାତନକୁ ରକ୍ତଦିଅ	୯୫
ସନାତନ: ଶକ୍ତିମାନ୍	୯୮
ଦଖଲ	୧୦୦
ଆଗେ ଆଗେ ସନାତନ	୧୦୨

କଠଉ-ଅଙ୍କା ସାପ

ଆଉ କେତେ ଖରାବେଳ ଜଗିବୁରେ ସନାତନ।
କେତେ ଦିନ ଗାଈମାନେ ଦେଖିବେ ତୋର ନାଟ ?

ମୁଣ୍ଡରେ ଖରାର ଝଲକା ପକାଇ
ତୁ ଯେମିତି ଶୋଇ ଯେତେ ସ୍ୱପ୍ନ ଦେଖିଲେ ବି
କଠଉ-ଅଙ୍କା ସାପ କାହିଁ ?

ସୂର୍ଯ୍ୟଙ୍କ ହାତରେ ନାହିଁ କିରଣ ଫେରାଇନେବା
ପତ୍ରଙ୍କ ହାତରେ ନାହିଁ ଫାଙ୍କ ବନ୍ଦ୍ କରିବା,
ସ୍ନେହର ଗାଈଟି ସିନା ତୋ' ଦେହରୁ ଚାଟି ନେବ ମଳି
ହେଲେ, ଗାଈର କାନ କି ହେବ ସାପର ଫଣା !

ଆମ୍ବ ତୋଟାର ଧୂଳିରୁ ଭାବିଚୁ ସାଉଁଟି ନେବୁ ମୁକୁଟ ?
ଗାମୁଛାରେ ବାନ୍ଧିନେବୁ ସମ୍ରାଟ୍‌ର ଆସନ ?
ତୋ'ର ପାଞ୍ଚଣଧରା ହାତରେ ସୁବର୍ଣ୍ଣର ଖଣ୍ଡା ?
ତୋ' ଭାଗ୍ୟକୁ ପକ୍ଷୀ ଅଣ୍ଡା। ତୋ' ମୁଣ୍ଡକୁ ବଗୁଲିର ପର।
କଠଉ-ଅଙ୍କା ସାପର କ'ଣ ଆଉ ପୂର୍ବ ସ୍ନେହ ଅଛି
ଯେ ଗାଈଆଳ ପିଲାଟି ପାଇଁ
ସେ ଗାତରୁ ବାହାରି ଆସିବ ଖରାରେ !!

■

'ଝଙ୍କାର', ଅକ୍ଟୋବର-୧୯୭୭ରେ ପ୍ରକାଶିତ

ଗୃହ ପ୍ରସ୍ଥ

ସ୍ୱପ୍ନ ଦେଖିବାକୁ କେହି ମନାକରୁନି ତ।
ସୌନ୍ଦର୍ଯ୍ୟରେ ଦୈନିକ ସ୍ନାନ କଲେ
କ'ଣ ସବୁ ଭାଙ୍ଗିଯିବ ବୋଲି ତୁ ଟଳମଳ ?
ଅବସ୍ଥା ଯାହା ହୋଇଚି, କିଏ କହୁ ନ କହୁ
କ୍ଷମା ମାଗିବାକୁ ପଡ଼ିବ ନିଜ ପାଖରେ।

ବର୍ତ୍ତମାନ ଜହ୍ନରେ ସିନାନ
ତୋ' ପାଇଁ ନିଷିଦ୍ଧ। ହାତରେ ଠେଙ୍ଗା ଧରି
ତୋତେ ବାଟ ଚାଲିବାକୁ ପଡ଼ିବ।

ସନାତନ! ତୁ ଏବେ
ବି-ଜନକ ହୋଇପାରୁ।
କେତେ ଚଂପାଫୁଲ ଆଉ ଯାଚୁଥିବୁ
ଦେବତାଙ୍କୁ! ତୋ' ନାଁରେ ତ ପଦିକାଏ ଜମି
କି ବଖୁରେ ଘର ନାହିଁ
କେଉଁଠି ସ୍ୱପ୍ନ ଦେଖିବୁ ବସି ବସି
କେଉଁଠି ଖେଳିବ ତୋର ସନ୍ତାନ ?

ସଂଜ ହେଲେ ଗଛମୂଳ ଅନ୍ଧାର
ହୋଇଯାଏ। ମୁହଁ ଦିଶେନି
କାହାର। ସେଠି ବସି

ତୁ କ'ଣ କହିପାରିବୁ ଏ ପୃଥିବୀର ପୁଅ ତୁ
ଆଉ ଏଇ ପୃଥିବୀଟା ତୋ' ନିଜର!!

ଆଖି ଡୋଳାରେ ସବୁଦିନେ ତୋର ଆରତ ଭାବ।
ପର୍ବତର ଗୁମ୍ଫା ଛାଡ଼ିବା ପରେ ଯଦି ସମୁଦ୍ର ବାଲିରେ
ତୁ ବସିଥା'ନ୍ତୁ ଅହୋରାତ୍ର, ତେବେ କେଜାଣି
ଆଲୁଅ-ଅନ୍ଧାରର କିଛି ମାନେ ନ ଥା'ନ୍ତା ତୋ' ପାଇଁ।
କିନ୍ତୁ ତୁ ତ ନିଜ ତିଆରି ଘର କୋଣରେ
ହଲଚଲ୍ ହେଉଥିବା ଖଣ୍ଡେ ଆଲୁଅ ଭଳି
ଇତିହାସ ସାରା ଚଳି ଆସିଲୁ।
ଆଜି ବିନା ଘରରେ
କିପରି ନିଃଶ୍ୱାସ ନେବୁରେ ହତଭାଗା!

ତୋ'ର ସୌନ୍ଦର୍ଯ୍ୟ ପ୍ରେମ
ମୁଣ୍ଡ ଖାଇଚି ତୋ'ର। କୁଡ଼ିଆରେ
ରହି ଗଢ଼ିଚୁ ଅପରୂପାର ମୂର୍ତ୍ତି
ଆଉ ତା'ରି ପାଦ ତଳେ ଶାନ୍ତି ମିଳେ ବୋଲି
ବିଶ୍ୱାସ କରି ଆସିଚୁ ସବୁଦିନେ।

ସହସ୍ର ପୟୋଧରାଙ୍କ ଆଖି ଲୁହରେ
ଗାଧୋଇବା ଲାଗି ତୋ'ର ପୁରାତନ ଅଭିଳାଷ
କେଡ଼େ ବିପଜ୍ଜନକ ଦେଖିଲୁ ତ!
ବଢ଼ିରେ ଭାସି ଯାଉଥିଲା ବେଳେ ତୋର କୁଡ଼ିଆ
ମନ୍ଦିରରୁ ଓହ୍ଲାଇ ଆସିଲେ କି କେହି
ତୋତେ ରକ୍ଷା କରିବାକୁ! କେହି ଖୋଲିଦେଲେ କି
ମନ୍ଦିରର ଦରଜା ତୋ' ଲାଗି! କେହି
ଲେଖିଦେଲେ କି ତୋ' ନାଁରେ କେଇଗୁଣ୍ଠ ଜମି
ଆଉ ଥରେ ଅଣ୍ଟା ଭିଡ଼ିବୁ ବୋଲି!

ଯେଉଁ ଶୁଆଙ୍କୁ ତୁ ପୋଷିଲୁ
ସେମାନେ ହରିନାମ ଗାଇଲେ।
ଯେଉଁ ସାପଙ୍କୁ ତୁ ପୋଷିଲୁ
ସେମାନେ ତୋତେ ହିଁ ଦଂଶନ କଲେ।

ସନାତନ! ତୋ' ଭିତରେ
ସୌନ୍ଦର୍ଯ୍ୟପ୍ରେମୀର ଶବ ଚହଟୁଚି।
ଆଜି ଭାବି ଦେଖ୍...
ଏ ଗୃହପ୍ରସ୍ଥରେ ତୋର ସ୍ଥାନ କେଉଁଠି ?
କର୍ତ୍ତବ୍ୟବୋଧ ନିକଟରେ ତୁ ପ୍ରତିଦିନ ପରାସ୍ତ।
କେଉଁ ତମ୍ବୁରେ ତୋର ଅତିରିକ୍ତ ସନ୍ତାନ ଶୋଇବ ରେ
କିଏ ତୋ' ପାଇଁ ଛାଡ଼ିଦେବ ସିଂହାସନ ?

■

ରଚନା-ଜୁନ୍, ୧୯୭୭: ରାଉରକେଲା
'ସମାବେଶ' (ପୂଜା)୧୯୭୭ରେ ପ୍ରକାଶିତ

କୋଇଲିଠାରେ ପ୍ରାଣବିକା

କନିକା ହେଉ କି ବିନିକା
ସନାତନ ! ଯେଉଁଠିକି ଗଲେ ବି ତୁ ସନାତନ
ଝୁଲୁଥିବୁ ବର ଓହଳର ସ୍ମୃତିରେ,
ପାହାନ୍ତାରୁ ଉଠି କାନେଇଥିବୁ
କୋଇଲିର ସ୍ୱର...

କେଉଁ ମହାତ୍ମା ବା ଶୁଣିଥାନ୍ତେ କି ତୋର ଆପତ୍ତି...
କେଉଁ ଅଭକ୍ତର ଅଭିଯୋଗରେ
କେବେ ହେଲାଣି କିରେ ଅଚଳ
କେଉଁ ପୋଷା ଠାକୁରର ରଥ...

ଯା... ଯା... କୋଳ କରିନେ ତୋର ଦୁଃଖକୁ
ଯଦି ଭେଟ ହୁଏ କୋଇଲି ସହିତ
ଓଜାଡ଼ି ଦେବୁ ତୋର କୋହ...
ସେ ତା'ର ଗୋଟିଏ କୁହୁରେ ଝାଡ଼ିଝୁଡ଼ି ନେବ
ସବୁ ତୋର ଅଶାନ୍ତି...

ପୋଷା ଠାକୁରର ଟିପ ଚିହ୍ନ ଦେଇ
ଯିଏ ଲେଖୁଚି ଲେଖୁଥାଉ ସଂହିତା...
କାହାର ମନ-ଅମନରେ
ତୋ'ର କ'ଣ ଯାଏ ନା କୋଇଲିର କ'ଣ ଯାଏ...

କେଉଁ ଆବେଗରେ କାହାର କାଠଗଡ଼ାରେ
ତୁ କାହିଁକି ଲୁହ ଉତ୍ସର୍ଗ କରିଥା'ନ୍ତୁ କି ରେ...

କୋଇଲିର ଗୋଟିଏ କୁହୁରେ
ରୋମାଞ୍ଚିତ ହୋଇଯାଏନି କି ରେ ସମଗ୍ର ଆମ୍ବଗଛ !
କନିକା ହେଉ କି ବିନିକା,
କୋଇଲିକୁ ପ୍ରାଣ ବିକି ଦେଇ
ତୁ ସେଠାରେ ବି ଭୁଲିଯିବୁ ନିଜର ସତ୍ତା...

ସନାତନ ! ତୁ ପୁଣି କେବେ ପ୍ରତିଶୋଧ ନେଲୁଣି
ନା ନେବୁ ଏଥରକ,
ଝାଳ ପୋଛିଦେଲେ ପୋଛି ହୋଇଯାଏ ତୋର ପ୍ରତିହିଂସା,
କଅଁଳ ଆମ୍ବପତ୍ର ଦେଖିଲେ
ତୁ ସବୁ ଖଳ-ଜନଙ୍କର ମୁହଁ ଭୁଲିଯିବୁ....

ସମୟ ପାଇଲେ ତ ମହାତ୍ମାଙ୍କୁ ସ୍ମରିବା
ତୋ'ର ଅଭ୍ୟାସ, ସବ୍ ଅଟକିଲେ
ଭିକାରିକୁ ଭିକ ଦେବା ତୋର ଅଭ୍ୟାସ,
ରାସ୍ତାରୁ କଣ୍ଟା ଉଠାଇଦେବା ତୋର ଅଭ୍ୟାସ...

ଯେଉଁଠିକି ଗଲେ ବି ତୁ ସନାତନ
ଝୁଲିବୁ ବର ଓହଳର ସ୍ମୃତିରେ
କାନେଇବୁ କୋଇଲିର ସ୍ୱରକୁ ।

■

'ଝଙ୍କାର', ଅଗଷ୍ଟ ୧୯୭୮ରେ ପ୍ରକାଶିତ

ସୂର୍ଯ୍ୟ କଥା

ହାତରେ ମୁଠାଏ ମାଟି ଉଠାଇ ଦେଖ୍...

ମାଟିର କଣାରେ କେଉଁଠି ଶୋଇଚି ନିଆ
କେଉଁଠି ଅନ୍ଧାର ହୋଇ ରହିଚି ଆଲୋକ
କେଉଁଠି ନିଖୋଜ ହୋଇ ପଡ଼ିଚି ତେଜ !

ସନାତନ ! କେଉଁଠି ହଜାଇଲୁ ତୋ'ର ରଶ୍ମି ?

ଦିନେ ଝଲସୁଥିଲା ଯେଉଁଠି କିରଣ
ତାହା ଆଜି ମାଟିର ପୃଥିବୀ ।

ତୋ'ର ପାପୁଲିର ରେଖାଟିରେ ସୂର୍ଯ୍ୟ ଆଜି କ୍ଳାନ୍ତ
ବୋଲି ତାକୁ ମନେକରନା ଅ-ଶକ୍ତ,
କାହାର ଓଠରେ ସେ ଶୀତଳ
ବୋଲି ତାକୁ ମନେକରନା ମୃତ ।

ତୋ'ପରି ଅପଦାର୍ଥର ଦେହରେ ବି
ସୂର୍ଯ୍ୟର ସୁଅ ଛୁଟିଚି ।
ସୌର-ବିସ୍ଫୋରଣର ଇତିହାସ ତୋ'ର ଇତିହାସ
ତୋର ଛାତି ତଳର ପେଣ୍ଡୁଲମ୍‌ରେ
ସୂର୍ଯ୍ୟ ଝୁଲୁଚି ସୂର୍ଯ୍ୟରେ ।

ତୋ'ର ପ୍ରତି ଅଙ୍ଗରେ ସୂର୍ଯ୍ୟରେ ସନାତନ
ସୂର୍ଯ୍ୟ ତୋ'ର ଆଣ୍ଠୁର ଚକ୍‌ତିରେ, ନଖର ଦର୍ପଣରେ ।

ଏଇ ପୃଥିବୀରେ ଅ-ସୂର୍ଯ୍ୟ ପୁଣି କ'ଣ ଯେ !

ତୋ' ଆଖିକୁ ଚାହିଁଲେ ଦେଖିବୁ ସୂର୍ଯ୍ୟ କିମିତି ଛଳଛଳ ନିଜେ ।
ମୁଠାଏ ମାଟି ଉଠାଇ ଦେଖ୍
ତୋର ହଜିଲା ରଶ୍ମି ସେଇଠି ।।

■

ବିଷୁବ 'ଝଙ୍କାର' ୧୯୭୮ରେ ପ୍ରକାଶିତ

ସାପ ଫଣାର ତଳେ

(୧)

କିଛି କହିଲେ ବିପଦ
ନ କହିଲେ ବିପଦ।

ମୁହଁ ଖୋଲି ନଥିଲେ ଆଗ ପରି
ବସିଥା'ନ୍ତୁ ଗୋଡ଼ ଉପରେ ଗୋଡ଼ ଲଦି
ଅନ୍ଧାରରେ

ତୋତେ ଦଂଶନ ନ କରି
ବାଟେ ବାଟେ ଖସରି ଯାଇଥାନ୍ତା ସରୀସୃପ
ପରି ବଦଳି ଆଦେଶ
ଅନ୍ୟ କେଉଁ ନିରପରାଧର ଦୁଆରକୁ

ଓ, କୌଣସି ବସାରୁ
କ୍ରମେ କ୍ରମେ ଶୁଣା ଯାଇଥା'ନ୍ତା ଅଦୃଶ୍ୟକୁ ଗାଳି
ଅନାମକୁ ଅଭିଶାପ ଏବଂ ପରେ ପରେ
ଆତ୍ମ-ଦହନର ସୁର୍ ତୁ ବସି ଶୁଣିଥା'ନ୍ତୁ
ଦରନିଭା ସିଗ୍ରେଟ୍‌ର ଅବଶିଷ୍ଟ ନିଆଁତକ
ଜୋତା ତଳେ ଦଳି,
ଓ ପିଅନମାନଙ୍କୁ ଦେଇ ସ୍ନେହାଦର

କିରାଣିକୁ ଯାଚି କଡ଼ା ପାନ
ଆଉରି କେଇଟି ବର୍ଷ
ଇଚ୍ଛା କଲେ ତୁ ବିତାଇ ପାରିଥା'ନ୍ତୁ ଏଠି
ଆରେ ସନାତନ !

(୨)

ସନାତନ ! ଏଯାଏଁ ଶିଖିଲୁ ନାହିଁ
କେଉଁଠି ରହିବାକୁ ହେବ ଚୁପ୍
କେଉଁଠି କହିବାକୁ ହେବ କ'ଣ ।

ଦେଖିଲୁ ତ ବିଦାୟ-ବେଳାରେ
କେତେ କଣ୍ଠ କଲା ଆହା ଆହା
କେତେ ନରନାରୀଙ୍କର କେତେ ଓଠ
କଲା ଚ-ଚ
କାରଣ, ତୁ ବିଦା ହେଲୁ ମାନେ
ବିଦା ହୋଇଗଲା ମୃତ୍ୟୁ, ଏଥରକ ପାଇଁ ଏ ସ୍ଥାନରୁ ।

ବର୍ତ୍ତମାନ ତୋର ବସ୍-ଘାଟୀ ପାର
ହେଉଥିବା ବେଳେ
ସେ ପଟେ ତୋ' ତ୍ୟକ୍ତ ବସାଘରେ
ବୁଢ଼ିଆଣୀ ଜାଲ,
ଚିରାକନା, ଟିକି ଟିକି କାଗଜ ଓ ଭଙ୍ଗା କପ୍
ଭୁଲକ୍ରମେ ଛାଡ଼ି ଆସିଥିବା
ଝିଅର ରବର
ଆଉ ପୁଅର ଖେଳଣା
ଆଦି ତୋର ଯେତେ ସ୍ମୃତିଙ୍କ ଉପରେ
ଚାଲିଥିବ ଝାଡୁମାଡ଼

ଯେପରିକି ଆଉ କାହା ପାଦ ଧୂଳି
ନ ମିଶିବ ତୋ' ପାଦଧୂଳିରେ
ଯେପରିକି କେହି ନ କହିବେ
ତୁହି ଥିଲୁ ସେଇ କ୍ୱାର୍ଟରରେ ।

ତୋ' ବସ୍ ଛାଡ଼ିବା ବେଳେ
ଉପସ୍ଥିତ ଥିବା ଶେଷ ଲୋକ
ଯିଏ ତୋର ସିଗ୍ରେଟ୍‌ରେ ଧରାଇଲା ନିଆଁ
ଓ କହିଲା- 'ମନେ ରହିବ ତ ?'
ନିଜେ ତଦାରଖ କରୁଥିବେ
ଯାବତୀୟ ବିଶୁଦ୍ଧୀକରଣ
ଯେତେସବୁ ତୋ ଛୁଆଙ୍କ ଚିପଚିହ୍ନ
ପେନ୍‌ସିଲ ଗାରରେ ଅଙ୍କା
ଅଦ୍‌ଭୁତ ସ୍ତ୍ରୀ ଲୋକ ଏବଂ ତୋ ସ୍ତ୍ରୀଙ୍କ ଲେସା ସିନ୍ଦୂରରେ
କହୁଥିବେ- 'ବୋଲ ବୋଲ ଚୂନ'
ଯେପରିକି ତୋହ ଜୀବାତ୍ମାର
ସାହସ ନ ହୁଏ କେବେ ପଶିବାକୁ
ଭଦ୍ରଲୋକ ନ ଥିବା ସମୟେ
ଖୋଜିବାକୁ ଥାପିଲା ସମ୍ପଦ ।

ତାଙ୍କ ପତ୍ନୀ ସଜାଡୁ ସଜାଡୁ ନିଜ ଶାଢ଼ି ଫେର
ପ୍ରକାଶିବେ-ତାଙ୍କ ସ୍ୱାମୀ କେବଳ ହିଁ ସ୍ୱାମୀ ପରି ସ୍ୱାମୀ
ସବୁ ବଡ଼ମାନେ ଜଣା
ଅବାଧରେ ଯାଆ-ଆସ ସଚିବାଳୟକୁ
ରହିବାରୁ କେଡ଼େ ଭାଗ୍ୟ !
ମନଲାଖି ଜାଗାକୁ ବଦଳି ପରେ
ବସାଟିଏ ମିଳିଲା ଲାଭକୁ ।
ତୋ' ରୋପିତ ମଲ୍ଲୀଫୁଲ
ଫୁଟିଲେ ଚୈତ୍ରରେ

ସେ ବି ଦିନେ ଫୁଲ ତୋଳି
ସଜାଇବେ ଆପଣାର ଗଭା
ଓ, କହିବେ- "ଦେଖ ତ ଦେଖ ତ
କେମିତି ଦିଶୁଚି ମୁହିଁ ରାଜ ଆଠଗଡ଼େ ?"

(୩)

ବସ୍‌ର ଝରକା କଡ଼େ ମୁହଁ ରଖି
ତୁ ଦେଖୁଚୁ ଛନ୍ଦାଛନ୍ଦି
ଗଛଙ୍କର ଆଶ୍ଳେଷକୁ ଶତ ଫାଙ୍କ କରି
ଝଟକୁଚି ଶାନ୍ତ ନୀଳ ନଭ,
ଝଟକୁଚି ତଳକୁ ତଳକୁ ଲାଗି
ବାମେ ଓ ଦକ୍ଷିଣେ
ଯୋଜନ ଯୋଜନ ଧରି ଆଗକୁ ପଛକୁ
ପ୍ରାକୃତିକ ସୁଷମାର ସବୁଜ ଶିବିର।
ବସ୍‌ର ଝରକା କାଚେ ଗାଲ ଥାପି
ଭାବୁଚି ତୋ' ସ୍ତ୍ରୀ-କେଡ଼େ ଭୁଲ
କପ୍ ପ୍ଲେଟ ପେଟିଟିକୁ ଲଦି ଦେଲି
ଟ୍ରକର ଉପରେ, ଆହା, କରି ଝଣଝଣ
ସବୁ ଗୁଣ୍ଡ ହୋଇଥିବ ଏଇପରି
ପାହାଡ଼ର ମୋଡ଼େ।
ପାଞ୍ଚ ବରଷର ଝିଅ ବୁଝନ୍ତା କି ପୌରୁଷର ମାନେ
ଯେ ମହାକଷ୍ଟ କରିଚୁ ବରଣ ପଛେ
ବିକି ନାହୁଁ ମାନ ବୋଲି ?
ଧକ ଧକ ବସ୍‌ରେ ସେ ପଚାରୁଚି
ପାହାଡ଼ ଓ ତଟିନୀର ନାମ।

ଆହା, ଏ ତୁ କ'ଣ କଲୁ ?
ସନାତନ ! ବିଛା ମନ୍ତ୍ର ଆଦୌ ନ ଜାଣି
ତୁ କାହିଁକି ଚିଡ଼ାଇଲୁ ସାପର ଲାଞ୍ଜକୁ ?
କେଡ଼େ ସାଧ ତୋର !!
ବରଂ ଅନ୍ୟାୟଠାରୁ ଜିତିବାକୁ
ଧାଡ଼ିଏ କରୁଣା
ଚମଡ଼ା ହାତରେ ଯଦି ଧରିଥାନ୍ତୁ
ଥରେ ଗଧପାଦ
ଥରେ ଯଦି ଶୁଆ ପରି ପଢ଼ିଥାନ୍ତୁ
ହରି ନାମ
ଥରେ ଯଦି ଜୋତା ଖୋଲି
ଲମ୍ବଲମ୍ବ ପଡ଼ି ପାଦ ତଳେ
କହିଥାନ୍ତୁ- "ହେ ଧର୍ମାବତାର !
ହେ ଖୋଦା ! ଅନ୍ନଦାତା !
ମୁଁ ଅଧମ ଅଜ୍ଞାନ ମୋ
ନାହିଁ ଅଭିଜ୍ଞତା
ପଢ଼ି ନାହିଁ ଗୂଢ଼ ଶାସ୍ତ୍ର, ତନ୍ତ୍ର
ବା ସଂହିତା
ଜାଣିବାକୁ ଅଛି ବାକି
ନ୍ୟାୟ ଆଉ ଅନ୍ୟାୟର ଭେଦ ।"
ତା'ପରେ ତୁ ଆଣ୍ଠୁ ମାଡ଼ି କହିଥାନ୍ତୁ
ଯତନରେ ସଜାଡ଼ି ଲୋତକ
"ଶ୍ରୀଅଙ୍ଗକୁ ଲାଗି ହେଉ, ଲାଗି ହେଉ
ମୋ ସ୍ତ୍ରୀଙ୍କ ହାତବୁଣା ସ୍ୱେଟର ଖଣ୍ଡିକ !"
ତା'ହେଲେ ତୁ ସାପ ଫଣା ତଳେ
ରହି ବଂଚି ଯାଇଥା'ନ୍ତୁ ନିଶ୍ଚିତ ଦଂଶନ ।

ତୁ ଆଜି ମୃତ ବୋଲି
ଶବ ପରି ଦିଶୁଥିବା ଲୋକମାନେ

କରନ୍ତି ପ୍ରଚାର, ଅଥଚ ବଂଚିଚୁ ତୁଇ,
ଲାଗୁ ନାଇଁ ମାଟିରେ ତୋ ପାଦ
ଅର୍ଥହୀନ ସବୁଜ ଦୃଶ୍ୟକୁ ବାଣ୍ଟି
ବାଣ୍ଟି ତୋର ମୁଗ୍ଧ ଅନୁଭବ
ତୁ ଚାଲିଚୁ ସନାତନ !
କାମ କଲାନାଇଁ ବୋଧେ
ପୋଷା ସରୀସୃପଟିର ବିଷ ।।

■

- କଟକ ଆକାଶବାଣୀରେ ପ୍ରଚାରିତ
- ବିଷୁବ 'ଝଙ୍କାର' ୧୯୮୦ରେ ପ୍ରକାଶିତ

ଅଥବା ସନ୍ନ୍ୟାସ

ଦୁଆରବନ୍ଧ ଡେଇଁବା ଆଗରୁ
ଯିଏ ନିଃଶ୍ୱାସ ବାରେ ତିନିଥର

ସେ ପୁଣି ନିଶୂନ୍ ରାତିରେ
ଘର ଛାଡ଼ିବା କଥା ଭାବିବ କାହିଁକି ?

ଦେଖ୍ ସନାତନ ! ଦେଖ୍...
ଯିଏ ତୋର ପିଠିକୁ ଆଉଜି
ଶୋଇଚି ନିଶ୍ଚିନ୍ତରେ
          ସେ ତୋ'ର ପତ୍ନୀ,
ଯିଏ ତୋ'ର ବାହୁ ଉପରେ ଶୋଇଚି
          ସେ ତୋ'ର ପୁତ୍ର
ସେମାନଙ୍କ ସ୍ୱପ୍ନକୁ ଚହଲାଇ
କେଉଁ ଜ୍ୟୋତିର ଆକର୍ଷଣରେ
କୁଆଡ଼େ ବା ତୁ ଯିବୁ ?

ତୋ' ପାଇଁ ତ ବାଟ ଅନ୍ଧାର
ତୋ' ପାଇଁ ତ ବନସ୍ତ ଅନ୍ଧାର
          ଗଛ ମୂଳ
          ନଈ କୂଳ
          ଅନ୍ଧାର ଓ ଅନ୍ଧାର ।

କେଉଁ ଦୁଃଖ ତୁ ଦେଖିଲୁଣି ଯେ
ତୋ' ଭିତରେ ଜାଗି ଉଠିବେ ଗୌତମ ?
ନିଜ ଉପରେ ବିରକ୍ତ ହୋଇ
 ବିଷ ପିଇ ନ ଥିଲେ ଶିବ।

ତୋ' ଘରର କାନ୍ଥରେ ତୋ'ରି ଚିତ୍ରପଟ
ଆଲଣାରେ ତୋ'ରି ବସ୍ତ୍ର, ବାକ୍ସରେ
ତୋ'ରି ଅର୍ଜିତ ଧନ, ଆଲ୍ମାରିରେ
ତୋ'ରି ନାମାଙ୍କିତ ଚେକ୍ ବହି।
ଯାହା ଦିଶୁଚି ସବୁ ତୋ'ର।
 ସବୁ ଯେ ତୋ'ର।
ଚଟାଣରୁ ସିଲିଂଯାଏ
 ଦଶଦିଗ ଘେରି
କେବଳ ତୁ ଏବଂ ତୁ...।
କେଡ଼େ ରମଣୀୟ ନୁହେଁ ଏ ଆଧିପତ୍ୟ !
କେଡ଼େ ବରଣୀୟ ନୁହେଁ ଏ ମାୟା !
ସନାତନ ! ତୁ ଯେଉଁଠି ଅଛୁ
 ସେଇଠି ଥା।
 ସେଇଠି ଥା।
ସବୁ ପାପ-ତାପ ସହିତ ଲଢ଼ି ଲଢ଼ି
ନିଜେ ବିକଳାଙ୍ଗ ହେଲେ ବି
ଯିଏ ମା' ଭଉଣୀ ପତ୍ନୀ ପୁତ୍ରଙ୍କ ପାଇଁ ଭୁଲିଯାଇଚି ନିଜର ଜୀବନ
ତା'ରି ନାଁ ତ ସନାତନ।।

■

'ଗୋଧୂଳି' (ପୂଜା) ୧୯୮୦ରେ ପ୍ରକାଶିତ

ପାଟି ଖୋଲିଲେ ସର୍ବନାଶ

ଚମରେ ଛାଆଣିକରା
ହାଡ଼ଙ୍କ ଖୋପରେ
ଖଂଜା ଯାଇଥାଏ ଯେଉଁ
ଦୀପ ପରି ଆଖି,
କିଏ ଅବା ବୁଝେ ସେଠି
କେତେ ଯେ କଷ୍ଟରେ
ତିଆରି ହୁଅଇ ସ୍ୱଚ୍ଛ
କେଇ ଟୋପା ଲୁହ ?

କାହିଁକି କାନ୍ଦୁଚୁ ?
ସନାତନ ! ତୋର ଦୁର୍ଲଭ ଲୁହରେ
ତୋ' ଛାତି ଓଦା ହେଉ ଯେତେ
କେଉଁ ହତ୍ୟାକାରୀ ଆସି
ମାନିବନି ଅପରାଧ ତାର
ପାଦେ ହେଲେ ଘୁଞ୍ଚିବନି ଆପଣା ସ୍ୱାର୍ଥରୁ
ନିର୍ଦ୍ଦୟ ସହର ।
ତୁ କ'ଣ ଜାଣିନାହୁଁ ଏଇ ସହରକୁ ?
ଏଠି ଲିପ୍‌ଷ୍ଟିକ୍ ବୋଳି
ହସନ୍ତି ନାରୀମାନେ
ଅଞ୍ଜନ ଲଗାଇ
କାନ୍ଦନ୍ତି ନେତାମାନେ

ତୋ'ର ଅଶ୍ରୁ ଏଠି
ସତକୁ ସତ ହାସ୍ୟକର।

କାହାର ଚକ ତଳେ
ପିଷ୍ଟ ହେଲା କାହାର ଶିଶୁ
ସେଥିପାଇଁ ତୁ କାହିଁକି କାନ୍ଦିବୁ?
ସେ ଆଜି ଚକ ତଳେ ମଲା
ବଞ୍ଚିଥିଲେ କାଲି ମରିଥା'ନ୍ତା
ପୁଲିସ ଗୁଳିରେ
ନହେଲେ କେଉଁ ଖଣିତଳେ
ଚାପା ପଡ଼ି!
ନ ହେଲେ ତ ତା'ରି ମୁଣ୍ଡ ଉପରେ ନିଶ୍ଚୟ
ଭାଙ୍ଗି ପଡ଼ିଥା'ନ୍ତା କେଉଁ ଇସ୍କୁଲ ଘର।

ମରି ନଥା'ନ୍ତା ଯଦି ସେ ବାଲ୍ୟକାଳେ
କୌଣସି ପ୍ରକାରେ
ଦିନେ ତାକୁ ବିଷଲଡ୍ଡୁ ଖୁଆଇଥା'ନ୍ତା
ବୁଦ୍ଧିକରି ନିଶ୍ଚେ କଂସାସୁର।

ଜନ୍ମ ଜନ୍ମାନ୍ତର ଧରି
ଭୋଗ କରୁଥିବା ଭୋକରୁ
ତାକୁ କେଡ଼େ ସହଜରେ
ମୁକ୍ତ କରିଚି ଚକ।
ମୁହୂର୍ତ୍ତେ ଲାଗିଲା ନାହିଁ
ମିଳେଇ ଯିବାକୁ ଯାହାର ଶେଷ ଚିତ୍କାର,
ତା'ପାଇଁ ତୁ ଭାବି ହେଉଚୁ କାହିଁକି?
ସେ ତୋର କିଏ?
ତୋର ଅଭିଶାପ କାହିଁକି ଫଳିବ?

ହତ୍ୟାକାରୀ କାହିଁକି ବା
ଭୋଗ କରିବ ଯନ୍ତ୍ରଣା ?
ସେ ତ ଗୋଟାଏ ଚକ।

କିଏ ବା ନୁହେଁ ଆଜି ହତ୍ୟାକାରୀ !
ଚାରିଆଡ଼େ ସେଇମାନଙ୍କର ହାତ।
ସବୁ ହତ୍ୟାକାରୀଙ୍କ ହାତରେ
ନ ଥାଇପାରେ ଅସ୍ତ୍ର
ନ ଲାଗିପାରେ ରକ୍ତର ଛିଟା
ଜାମା ବା ରୁମାଲ୍‌ରେ,
ଏ ସହରରେ ସେମାନେ ଦଳ ଦଳ
ମା' ଧାନକୁଟୀ ପୁଅ ନାଗର।
ସେମାନଙ୍କ ପଦପାତରେ
ଦୁଲ୍ ଦୁଲ୍ କମ୍ପୁଚି ସହର।

ତୋ ଲୁହରେ ସେମାନେ
ଭାସିଯିବେ ନାହିଁ
କାହାର ଅଭିଶାପରେ
ଦବିଯିବେ ନାହିଁ
ଏ ସହରର ପୋଷାପୁଅ ସେମାନେ
ସେମାନଙ୍କ ଅସ୍ତ୍ର ମୁନରେ ଝୁଲୁଚି ଆଇନ।
ବରଂ ଚୁପ୍‌ଚାପ୍ ରହିଯା' ଚୁପ୍‌ଚାପ୍
ଚୁପ୍ ରହିଲେ ବର୍ତ୍ତିଯିବୁ ରେ ସନାତନ !
ଆଉ ନେବାକୁ ପଡ଼ିବ ନାହିଁ
ମନୁଷ୍ୟ ଜନ୍ମ।
ଯଦି ପାରିବୁ ଯା'
ବରଗଛ ମୂଳେ ହନୁମାନ ପ୍ରଶ୍ନ
ଧରି ବସିବୁ।

ହନୁମାନ ପାଇଁ ହଜାରେ ଲେଖା ନେଇ
କହିବୁ ହତ୍ୟାକାରୀକୁ
ଖଲାସ କରିବେ ହନୁମାନ ।

ଯଦି, କେଉଁଠି ଅଛୁ,
ରହିବାକୁ ଚାହୁଁ ସେଇଠି
ତେବେ ବନ୍ଦ୍ କର ଆଖି
ନା ହତ୍ୟା ନା ଧର୍ଷଣ
ନା ଲାଠି ନା ଲୁଣ୍ଠନ
ଆଉ ନ ଦେଖ କିଛି ।
କହ ଦେଖୁଚୁ ଖାଲି ଶୂନ୍ୟ
ଦେଖୁଚୁ ଏକ ପାଉଁଶିଆ ରଙ୍ଗର ସ୍ୱର୍ଗ,
ଦେଖୁଚୁ ଏକ ଜ୍ୟୋତିହୀନ ସୂର୍ଯ୍ୟ
ଯେ ପ୍ରତ୍ୟହ କରୁଚି ରକ୍ତ-ସ୍ନାନ ।
ଆଖି ଏମିତି ବନ୍ଦ କରିବୁ ଏମିତି
ଯେମିତି ଦିଶିବୁ ଜଣେ
ନୂତନ ସନ୍ଥ ଭଳି ।

ଗଦି ଛାଡ଼ି, ଚଉକି ଛାଡ଼ି
ହତ୍ୟାକାରୀମାନେ
ତୋରି ନିକଟକୁ ଆସିବେ ।
ମୁହଁକୁ ନ ଚାହିଁ କାହାର
ତୁ ଅନର୍ଗଳ କହିଯିବୁ
ଏବେ ହତ୍ୟାକାରୀଙ୍କର ବାଜିମାତ୍
ନିହତଙ୍କ ପାଇଁ ଶ୍ମଶାନ
କିନ୍ତୁ ହତ୍ୟାକାରୀମାନେ
ଭୋଗ କରିବେ ସ୍ୱର୍ଗ ।

ତା'ପରେ ତୋ' ବେକରେ ଫୁଲମାଳ।
ଦିଗେ ଦିଗେ ତୋ'ର ଜିନ୍ଦାବାଦ୍।
ତୁ ହସିବୁ ନାହିଁ କି କାନ୍ଦିବୁ ନାଇଁ।

ଚୁପ୍ ଚୁପ୍ କରି ଯେତେବେଳେ
ପଚାରିବ ହତ୍ୟାକାରୀ
ଯେ ସ୍ୱର୍ଗମାନେ କ'ଣ ?
ତୁ ରହିଯିବୁ ନୀରବ
ପଥର ପରି ମୌନ।
ପାଟି ଖୋଲିଲେ ତୋର ସର୍ବନାଶ ଜାଣିଥା
ପାଟି ଖୋଲିଲେ ତୋର ସର୍ବନାଶ।।

■

'ଝଙ୍କାର', ଜାନୁୟାରୀ ୧୯୮୨ରେ ପ୍ରକାଶିତ

ପଞ୍ଜାବି ପକେଟରେ ଦିଆସିଲି

ସମୟ ଆଉ କିଏ କି ରେ ସନାତନ ?
ଧଳା ପଞ୍ଜାବିର ପକେଟରେ
ଚୁରୁଟ୍ ଆଉ ଦିଆସିଲି ଲୁଚାଇ
ଏଇ ସଭା ମଝିରେ ଚୁପ୍‌ଚାପ୍ ବସିଚି ଯେଉଁ ଭଦ୍ରଲୋକ,
ସେ ହିଁ ।

କେଉଁ ଦେବଦାସୀର ନୂପୁର ନାଦ ଶୁଣିବାକୁ
ଅଧୀର ହୋଇ ସେ ଆସିଥିଲା,
ଆସିଥିଲା କାହାକୁ ପଦକ, କାହାକୁ ଚମ୍ପାଫୁଲ
କାହାକୁ ଉନ୍ମାଦ ନୃତ୍ୟ ପାଇଁ ପୁରସ୍କାର ଦେଇ
ସ୍ଥାପନା କରିବା ପାଇଁ ନିଜକୁ ।

ଅଥଚ ସେ ଏଠି ଶୁଣୁଚି ଅଶ୍ରୁଗୀତି
ପକ୍ଷୀଙ୍କର ଚେଁ- ଚାଁ
କୁଆଙ୍କର କା-କା
କେତେ ଶିଶୁଙ୍କର ମା-ମା ।
ଆଖିରେ ତା'ର ବିରକ୍ତି
ଥରୁଚି ତା'ର କପୋଳ ।
ଲକ୍ଷ୍ୟ କରୁଚୁ ତ !

ସେ ଆସିଥିଲା ଦେଖିବାକୁ
କେତେ ମଦାଳସାଙ୍କ ବିମ୍ବୋଷ୍ଠ,
ମାନମୟୀଙ୍କ ମାନ ଭାଙ୍ଗିବାରେ ଯୁଗ ଯୁଗ ଧରି ସେ ଓସ୍ତାଦ,
ହାୟ, ଜଣିଏ ବି ମାନିନୀ ନାହିଁ ଏ ସଭାରେ
ବୃଥା ତା'ର କାରୁ-କଳା, ବୃଥା ତାର ଶୁକ୍ଳ-ନିଶା !

ଅସ୍ଥି-ମାଳିନୀ ପଲ୍ଲୀବଧୂ
ସ୍ୱାମୀର କାନ୍ଧରେ ସତୀର ଶବ,
ମା'ର ସାମ୍ନାରେ ଗଣ-ଧର୍ଷିତା କନ୍ୟାଦିର ଛବି
ସେ କ'ଣ ଦେଖିବ ବୋଲି ଆସିଥିଲା !
ସେ କ'ଣ ଜାଣିଥିଲା ଏଠି ପ୍ରଦର୍ଶିତ ହେବ ତାଙ୍କର ଚିତ୍ର
ସମୟର ହେପାଜତରେ ଇଜ୍ଜତ ହରାଇଥିଲେ ଯେଉଁମାନେ !

ଯଦି କଣ୍ଟା-ଚାମୁଚର ଟୁଂ-ଟାଂ ଶୁଣି
ବଦଳେ ତା' ମନ, ତେବେ ରକ୍ଷା...
କିଂବଦନ୍ତୀର ଅବୁଝା ରଜା ପରି
ତୋ'ର ଛଣ-ନିର୍ମିତ ବାହୁରେ ସେ ଲଦି ଦେବ ମାଟି
ପାଟ-ମଠା-କବଚ-କୁଣ୍ଡଳ ଲଗାଇ
ତୁ ଦିଶିବୁ ମହାନ୍, ତା'ରି କଲ୍ୟାଣରେ
କେଇଦିନ ପାଇଁ ଚଉକିରେ ବସି ଖାଇବୁ ଭୋଗ-ରାଗ
ବାଣ୍ଟିବୁ ସୌଭାଗ୍ୟ ପରେ ସୌଭାଗ୍ୟ ।
ଯଦି ତା' ନହୁଏ, ଗୋଟାଏ ପରେ ଗୋଟାଏ ଚୁରୁଟ୍‌କୁ
କରି କରି ପାଉଁଶ
ସେ ପଚାରିବ !
କାହାର ଚକ୍ରାନ୍ତରେ ଆଜି ନାହାନ୍ତି ନଟୀମାନେ ?
କାହାର ସାହସରେ କଳା-ପତାକା ଧରିଛନ୍ତି ବିମ୍ବୋଷ୍ଠମାନେ ?

ତା'ପରେ ତୁ କ'ଣ କରିବୁ ରେ
କେମିତି ଶାନ୍ତ କରିବୁ ସମୟକୁ ?
ଲକ୍ଷେ ମୁର୍ଦାବାଦ କଲେ ବି ମରିବ ନାଇଁ ସେ
କାର୍ତ୍ତବୀର୍ଯ୍ୟ ପରି ତେଜି ଉଠିବ ବେଳକୁ ବେଳ ।

ଯଦି ସେ ବୁଝିବ ସବୁରି ମୂଳରେ ଅଛି ନିରନ୍ନ ସନାତନ
ଦୁର୍ଭିକ୍ଷର ଆଁରୁ ଖସି,
ମରୁଡ଼ିର ଭସ୍ମରୁ ଉଠି ପୁରାଣର ଫେନିକ୍ସ ପକ୍ଷୀ ପରି
ଯିଏ ଦାବି କରିଆସୁଛି ଅନ୍ନ-ବସ୍ତ୍ର

ତା'ହେଲେ ପୁଣି ଥରେ ତୋ' ବାହୁରୁ
ସେ ନିଗାଡ଼ି ନେବ ବିକ୍ରମ, ଚିପୁଡ଼ି ନେବ ପ୍ରତିଜ୍ଞା
ଏଇ ସଭା-ସ୍ଥଳରେ ତୁ ପଡ଼ିରହିବୁ ଧୂସର ଦରିଟିଏ ପରି
ତା' ଚୁରୁଟ୍‌ରୁ ନିଆଁ ଝୁଲ ଖସିବ
ତୁ ପାଉଁଶ ହୋଇଯିବୁ ତା'ପରେ ।।

■

ରଚନା: ସେପ୍ଟେମ୍ବର, ୧୯୮୨, କଟକ
ପ୍ରକାଶ: 'ସଂଯୋଗ', ଜାନୁୟାରୀ ୧୯୮୩

ଟ୍ରକ୍-ଡାଲାରେ ସନାତନ

ଟ୍ରକ୍‌ର ଡାଲାରେ ବସି
କୁଆଡ଼େ ଯାଉଚୁ ରେ ସନାତନ ?

ଥେରୁଭାଲି ନା ଦାମନଯୋଡ଼ି ?

ଯୁଆଡ଼େ ଯା' ସବୁଠି ପାହାଡ଼
ସବୁଠି ପାହାଡ଼ ଭାଙ୍ଗି କରିବାକୁ ହେବ ଧୂଳି ।

ସବୁଠି ଦେଖିବୁ-
ଧ୍ୟାନ-ରତ ଏକ-ପଦୀ ବଗ
ଶୁଭ୍ରବସନାବୃତ ଭଦ୍ରଲୋକ

ଦେଖିବୁ ଆକାଶକୁ ଶୂନ୍‌କରି କେମିତି
ଖୋଲ ତଳେ, ଗଛ ତଳେ, ଭୂଇଁ ତଳେ
ଲୁଚାଇ ରଖାଯାଏ ଟ୍ରକ୍ ଟ୍ରକ୍ ମେଘ
ଜଗାଇ ଦେଇ ବାସୁଆବଳଦ
ଆଉ ଚଉକଷ ଛାତି-ବାଲା ଇନାମ୍-ଖିଆ ବାଘ ।

ଯୁଆଡ଼େ ଯା'
ଟ୍ରକ୍‌ରୁ ଓହ୍ଲାଇବା ବେଳକୁ
ନାଲି-ଧୂଳିରେ ସର ସର
ଖୋଜି ହେବୁ କୁଆଡ଼େ ଗଲା ତୋ'ର ନିଶ ହଳକ।
ପିଲାଏ କହିବେ-ହୁଙ୍କା ଫାଡ଼ି ବାହାରିଚି
ବାଲ୍ମୀକିର ଭୂତ।

ଛିଣ୍ଡା ଲଟା
ଲଣ୍ଡା ଗଛଡାଳରେ
ପକ୍ଷୀମାନେ ହେବେ ଚେଁ-ଚାଁ।
ଶୁଆ ପଚାରିବ ଶାରୀ ଲୋ
କହନି-
ଯେ ମରିବ ନା ବଂଚିବ?
ଶାରୀ କହିବ-ଶୁଆରେ
ଯେ ମରିବ, ମରିବ, ମରିବ
ମରିଲେ ଯାଇ ଯେ' ତରିବ।

କେତେ ଝରଣାର କଙ୍କାଳ ପଡ଼ିଥିବ ଏଠି ସେଠି
ପଥରର ସନ୍ଧିରେ, ଶୁଖିଲା ପତ୍ର ତଳରେ
ତୁ ଯେତେ କାନ୍ଦିଲେ ବି ଜିଇବେ ନାଇଁ ସେମାନେ।

ଖୋଜିଲେ ତୋତେ ବାଘର ପାଦ ଚିହ୍ନ
ମିଳିଯିବ ଅନାୟାସରେ; କେଉଁ କଣ୍ଟାରେ
ପତାକା ପରି ଉଡୁଥିବ ବାଘ-ଦାନ୍ତରେ ଚିରା
କାହା ଶାଢ଼ିର କବଟା ଖଣ୍ଡେ।
ତା'ର
କୌଣସି ଖବର ରଖି ନଥିବ
ନିର୍ମାଣର ଧୂଆଁ।

କେଉଁ ଦୂରରୁ ପାଣିର ଟିଣ ବହି ମଥାରେ
ହାତ ହଲାଇ ଆସୁଥିବ କାଗଜ-ପଟିର ମୂର୍ତ୍ତିଟିଏ
କେବେକେବେ ତୋତେ ଦିଶିବ
ତୋ'ର ଦର-ନଙ୍ଗଳା ମା' ପରି
ପଛେପଛେ ଯା'ର ଦୌଡୁଥାଏ ତୋ' ଗେଲବସର ଭଉଣୀ।
ତୋତେ ପୁଅ ଜ୍ଞାନ କରି ନେ ପିଇ କହି
ଯେ ତୋ' ଆଂଜୁଳାରେ ଅଜାଡ଼ିଦେବ
ଅଧାଟିଣ ପାଣି।

ହଜାରେ ଉପବାସର ତପରୁ
ହଜାରେ ଗଇଁତିର ପୁଣ୍ୟରୁ
ଦିନେ ଦେଖିବୁ-ଉଠିଚି ଉପରକୁ
ତୋ' ମେରୁଦଣ୍ଡ ଭଳି ନିର୍ମାଣର ସୂର୍ଯ୍ୟମୁଖୀ।

ଦିନେ ଦେଖିବୁ
ବାଆଁଶର ଆଡ଼ିରେ ଥାପି ଥାପି ପାଦ
ମଥାରେ ଧରି ଗୋଲା ସିମେଣ୍ଟ୍‌ର କଡ଼େଇ
ଭାସି ଭାସି ଯାଉଥିବା ଖଣ୍ଡିଏ ଲଘୁ ମେଘ ପରି
ଉପରକୁ ଉପରକୁ ଉଠିଯାଉଥିବା ତରୁଣୀର
ହଠାତ୍ ଖୋଲି ହୋଇଯାଇଚି କସ୍ତା ପଣତ।
ଅଧା ଅଛି ଦେହରେ
ଅଧା ଲହରେଇ ହେଉଛି ଶୂନ୍ୟରେ।
କେଉଁ ଡେଙ୍ଗା ଦେଉଳର ନେତ
ପରି ତୋତେ ଦିଶିବ ଅଦ୍ଭୁତ।

ଗଇଁତି ରଖି
ତୁ ଠିଆ ହୋଇ ପଡ଼ିବୁ
ଝାଳ ପୋଛିବା ଭୁଲିଯିବୁ।

ଭାବିବୁ
ଟ୍ରକ୍‌-ଡାଲାରେ ବସି ବସି ତୁ ଦେଖୁଥିବା ସ୍ୱପ୍ନ ସମସ୍ତ
ହଠାତ୍‌ ବାସ୍ତବ ହେଲା କେମିତି ? କେମିତି ସମ୍ଭବ ହେଲା
ସେଇ କାନ୍ତି
ଅଧା ଆକାଶରେ ?

ତଳକୁ ଓହ୍ଲାଇ ଦିନେ ସେ ଠିଆହେବ
ତୋ' କୋଦାଳ ସାମ୍ନାରେ, ସହସା ନିଜ ହାତରେ
ଖୋଲିଦେବ ଗଭୀର ଗଣ୍ଠି,
କହିବ କେଉଁ ପାହାଡ଼ରୁ ସେ ଆସିଚି, ବାଟରେ
ଆସୁ ଆସୁ କେଉଁ ଜନ୍ତୁର ହାବୁଡ଼ରେ ପଡ଼ି ସେ ରକ୍ତ ସାରିଚି, କେଉଁ
ବାଣୁଆ ସହିତ
ଘୂରି ଘୂରି କେତେ ଜାଗା ଡିନାମାଇଟ୍‌ ଗୁଂଜିଛି
ଉଡ଼ାଇଛି କେତେ ପଥର, କେତେ ପାହାଡ଼ର ଶିଖର ତୁଟାଇଚି
କେତେ ଜଙ୍ଗଲକୁ କରିଛି ଧୂଆଁଳିଆ ।

କହୁ କହୁ ସେ କାନ୍ଦିବ ।
ତା' ଆଖିରେ ଲୁହ ଦେଖି
ତୁ ବି କାନ୍ଦିବୁ ।
ଦୁହେଁ ସାଙ୍ଗ ହୋଇ କାନ୍ଦିବ ।

ପର ଦିନ ସେ ତୋ'ରି ସମ୍ମାନରେ
କାନିରେ ଗଣ୍ଠି ପକାଇ ନେବ ବାରୁଦ
ସ୍ୱର୍ଗକୁ ।
ବାଉଁଶ ଶିଡ଼ିରେ ତା' ପାଦ ଥିବାବେଳେ
ଅଧା ଆକାଶରେ ନିଆଁ ଲାଗିଲେ
ଆଲୋକିତ ହୋଇ ଉଠିବ ନିର୍ମାଣର ଫୁଲ ।

ନିଆଁଝୁଲ ସବୁ ଖସିପଡୁଥିବା ବେଳେ
ତା'ର ପଣତରୁ, କେଶରୁ, ନଖ-କୋଣରୁ

ତୋତେ ଦିଶିବ ଯେପରି ଆକାଶର ତଳକୁ
ଓହ୍ଲେଇ ଆସୁଚି ନିଆଁର ଗଙ୍ଗା,
ଓହ୍ଲେଇ ଆସୁଚି କେଉଁ ସହସ୍ରଭୁଜା।।

'ସମାସ' ୧୯୮୩ରେ ପ୍ରକାଶିତ

ବିଶ୍ୱରୂପ

କାହାକୁ ଖୋଜି ଖୋଜି ତୁ ଏପରି ପରିଶ୍ରାନ୍ତ ?

ମା'କୁ ? ହା-ଅନ୍ନକୁ ଗାଉଁଲି ଭାଷାରେ ବକୁଥିଲା ଯିଏ ?
ଯାହା ପାଇଁ ଭିକ ମାଗୁ ମାଗୁ ତୋ'ର ପ୍ରାଣ ଚାଲିଗଲା ବାଟରେ
ଚାହିଁ ଚାହିଁ ତୋତେ ଆଖି ପଚି ଯାଇଥିଲା ଯାହାର !
ସେଇ ନ-ଅଙ୍କର ମା'କୁ
ତୁ ଏବେ ବି ଖୋଜି ହେଉଚୁ କିରେ ହତଭାଗା ?

ସନାତନ ! ଖୋଜିବା ଛାଡ଼ି । ଆ, ବସିଯା ଏଇଠି ।
ଏପରି ଅବୋଲକରା ଏପରି ଅବୁଝା ହଅନା ତୁ ।
ପ୍ରୟୋଜନ ନାହିଁ ନତ-ଜାନୁ ହେବା ।
ପ୍ରୟୋଜନ ନାହିଁ ପ୍ରଶ୍ନ କରିବା କିଛି । ତୋ'ରି ଆଖି ଆଗରେ...
ମୁଁ ଦୁଇଫାଳ କରି ଦେଉଛି ନିଜକୁ ।

ତୁ ଦେଖିଥା ଥରେ ମୋର ବିଶ୍ୱରୂପ ।
ମୋ ଭିତରେ ଆକାଶ-ଭରା ଦୃଶ୍ୟ, ଅସୁମାରି ଦୃଶ୍ୟର କଲ୍ଲୋଳ
ଦେଖ୍ କିପରି ସମୟହୀନ, କିପରି ମୃତ୍ୟୁ-ହୀନ !

ଅବାକ୍ ହୋଇ ଯାଆନା। ବରଗଛ ମୂଳେ ପଡ଼ିଛି
ତୋ'ର ନ-ଅଙ୍କର ଶବ। ଦୁର୍ଲଭ ଭୋଜିରେ ବାସ୍ନାରେ
ଶାଗୁଣାଙ୍କ ପ୍ରାଣ-ଖୋଲା, ପକ୍ଷ-ଖୋଲା ନାଚ।
ତୋ'ରି ଶବର ପିଠିରୁ ଖାଦ୍ୟର ଗଣ୍ଠିଲି ନେଇଥିଲା ଯିଏ
କିଛି ସମୟ ବଞ୍ଚିଯିବ ବୋଲି, କେଇ ଶ' ଗଜ ଦୂରରେ
ଦେଖ୍ ତା'ର ମୃଣ୍ମୟ ଶରୀର। ଅନ୍ୟ ଏକ ବରଗଛ
ତଳେ ତୋ'ର ମା' ଓ ଭଉଣୀକୁ ଘେରିଛନ୍ତି ଶାଗୁଣା।
କରୁଣ ମୃତ୍ୟୁର କି ହସ-ହସ ଆବେଦନ!
ଶିଆଳଙ୍କ ଦାନ୍ତରେ କି ଉନ୍ମାଦନା, କାଉଙ୍କର
କି ସରାଗ ଦେଖୁଚୁ ତ!

ଯାହା କିଛି ତୁ ଖୋଜି ଆସୁଚୁ, ସବୁ ଦେଖିପାରିବୁ
ମୋ ରୂପରେ।

ବାଁ କାନ୍ଧରେ ମୋର କୋଦାଳ,
ଡାହାଣ ହାତରେ ଗଇଁତି
ମୁଣ୍ଡରେ ଠେକା, ଅଣ୍ଟାରେ ଗାମୁଛା,
ପାଦ ପୋତି ହୋଇଛି କାଦୁଅରେ। ଛାତିରେ
ସୁନା କଣ୍ଠି ପରି ଜକଜକ ଝାଳର ମାଳ।

କୋଟରଗତ ଚକ୍ଷୁରେ ଜଳୁଛି ସହସ୍ର ଫଣା ଅଗ୍ନି
ପେଟର ସହସ୍ର-ଶିରାରେ ତିଆରି ବକ୍ଷର ବଖରାରେ
ଅମୂଲ୍ୟ ପ୍ରେମର ରକ୍ତ-କୋଷ ଅମର।
ଦେଖିପାରୁଚୁ ତ ମୋର ବିଶ୍ୱରୂପ।

ଜାଣିପାରୁଚୁ ତ କେଉଁଠି ତୋର ଧାନକ୍ଷେତ,
କେଇ ପାହାଚରେ ତଳେ ତୁ ଥରୁଚୁ? ତୋ'ର ସ୍ଥିତି

କେଢ଼େ ବିବାଦୀୟ ? କେତେ ଅଙ୍କର ଘା
ତୋ'ପିଠିରେ, କେତେ ବାହୁଙ୍ଗିର ଦାଗ
ତୋ' କାନ୍ଧରେ, କେତେ ଚାବୁକ୍‌ର ଲୋଳା ?
ଏକ ହିଁ ନିମିଷରେ ତୁ ହଜିଯିବୁ ଏକ ବିନ୍ଦୁ ଜଳ।

ଦେଖ୍ ମୋ ଭିତରେ କର୍ମ-ରତ ଲକ୍ଷ ଲକ୍ଷ କୋଦାଳ
କୋଟି କୋଟି ଗଇଁତି, ସହସ୍ର ସହସ୍ର ଚକା।
ଭଙ୍ଗାରୁଜାର ନାଟକ ଶେଷରେ କେତେ ନିର୍ମାଣର ଦୃଶ୍ୟ
କେତେ ଗଢ଼ଣର ଆୱାଜ ! କେତେ କେନାଲ ଖୋଳା,
କେତେ ରିଂ-ବନ୍ଧ, କେତେ ଆନିକଟ୍‌ରେ ପଥରର ଶବ୍ଦ,
ବୋଝ ବୋଝ ମାଟିରେ ବନ୍ଧା ନଦୀର ପରାକ୍ରମ ଧ୍ୱଂସ।
ହାତ ସଂଗେ ମାଟିର କଠିନ ଗଣ୍ଠିକୁ ଛିଣ୍ଡାଇବ କିଏ ?
କେତେ ଯେ ବିଲର ଆକୁଳ ଆହ୍ୱାନ, କେତେ ବୀଜର
ପ୍ରତୀକ୍ଷା, କେତେ ଅଙ୍କୁରର ଖୁସି, କେତେ ତଳିର
ହସ, କେତେ ଚାରାର ସବୁଜ ନୃତ୍ୟ ତୁ ଦେଖ୍।
ଦେଖ୍ କିପରି ମାଳମାଳ ପାଇପ୍‌ରୁ ଝରିପଡ଼େ କରୁଣା
ଲକ୍ଷେ କଳସରେ ଭରି ପ୍ରାଣ ପାଇଁ ଶାନ୍ତି କେତେ !

ସନାତନ ! ସନାତନ ! ସନାତନ !
ପ୍ରଣାମ କର ମୋ କାନ୍ଧର କୋଦାଳକୁ
ମୋ' ହାତର ଗଇଁତିକୁ
ଗେରୁଆ ପାହାଡ଼କୁ ସବୁଜ କରିବା ମନ୍ତ୍ରରେ।
ନ' ଅଙ୍କର ଛବିରେ ଲୁଣ୍ଠିତ ହୋଇ ଯାଆନା ଏପରି !
ଇତିହାସର ସକଳ ଦୃଶ୍ୟରେ ତୁ ନିରସ୍ତ୍ର,
କାକୁସ୍ଥ, ନିର୍ଯାତିତ।
ତା' ବୋଲି ନିରାଶ ହେବୁ କାହିଁକି ?

କହ... ଦେଖିଲି, ଦେଖିଲି ବିଶ୍ୱରୂପ
ବିଶ୍ୱରୂପରେ ସନାତନର ରୂପ। ଏବଂ
ହସି ହସି କାନ୍ଧକୁ ନେ' କୋଦାଳ
ଧାରଣ କର ଗଇଁତି।
ଦିନେ ଧୂମ୍ର ଶୈଳର ପଥର ଭେଦି
କାନନକୁ କରି ମର୍ମରିତ, କେଢ଼େ ଆବେଗରେ
ଛୁଟି ଆସିବ ଗେରୁଆ ବର୍ଣ୍ଣର ଗଙ୍ଗା
ଧୋଇ ନେବା ପାଇଁ ତୋ'ର କ୍ଳାନ୍ତି, ଦେବା ପାଇଁ
ବାଞ୍ଛିତ ସଭ୍ୟତାଲାଗି ପ୍ରୟୋଜନ ଯେଉଁ ଉର୍ବରତା।।

■

'ସମାସ' (୧୯୮୩)ରେ ପ୍ରକାଶିତ

ମରିବାକୁ ପଡ଼ିବନି ବନ୍ଧୁକ ଗୁଳିରେ

ମନା କରିଥିଲି ତୋତେ ସନାତନ !
ଯିବୁ ନାହିଁ ବାହାରକୁ । ବାଲ୍‌କୋନିରେ ବସି
ଦେଖୁଥିବୁ ଆକାଶର ମେଘ । ତଳେ
ମତ୍ତ ବାଘ ପରି ଘୂରେ ଆଜି ବନ୍ଧୁକର ଗୁଳି ।
କହିଥିଲି, ଯିବୁ ନାଇଁ ଯିବୁ ନାଇଁ ବୁଲି ।

ଯେତେ ମେଘ ଆସୁଛନ୍ତି
ସମସ୍ତଙ୍କ ଡେଣା ଆଜି ବାରୁଦରେ ଭରା ।
ସେଥିପାଇଁ ଚୁପ୍‌ଚାପ୍ ବସି
ତ୍ରାସ ଆଉ ସନ୍ତ୍ରାସର ଗପ ବହି ପଢ଼ି
ସ୍ନାୟୁ ଟାଣ ରଖିବାଟା ଉଚିତ ହିଁ ଥିଲା,
ଯେମିତିକା ସୀସା ଫୁଟିବାର ଶବ୍ଦେ ନ ଯାଉ ତୁ ଡରି ।

ଚାରିଦିଗେ ବନ୍ୟା ଡାକ ।
ନଈ ଆଉ କେନାଲରେ ଶବ ଭାସେ,
ଯୁବକର ଶବ । ବଢ଼ିଘେରା ଗାଁ
କଥା ଭାବି କ୍ୱାର୍ଟର୍‌ର ବାଲ୍‌କୋନିରେ ବସି
ଦୁଇ ଧାର ଲୁହ ଢାଳିଥିଲେ ଚଳିଥାନ୍ତା ।
ଏତେବେଳେ ନ ଯା'ନ୍ତି କେହି ଘରୁ ଗୋଡ଼ କାଢ଼ି ।
ଚକ-ଅଖମାନେ ଜାଣୁ ଛବି ବହି ପଢ଼ିବା ଦିନରୁ
ଜାଣି କି ନଥିଲୁ ଆଜି ସବୁ ବନ୍ଦ

ଚକ ବନ୍ଦ, ଅଖ ବନ୍ଦ... ଦୁଆର ଝରକା ବନ୍ଦ
କେବଳ ହିଁ ଜନ୍ତା ଖୋଲା, ଖୋଲା ପୋଷା ବାଘ।
ଦୁଃଖ ଲାଗେ, ବର୍ଷ ବର୍ଷ ରହି ଏକ
ବିଜ୍ଞ-ଜନ ମେଳେ ନ ଶିଖିଲୁ ସାମାନ୍ୟ ଚାତୁରୀ
ସରଳତା ମାନେ ଆଜି ମୃତ୍ୟୁ ନ ବୁଝିଲୁ ବୋଲି
ତୋତେ କ୍ଷୟ କରିଗଲା ବନ୍ଧୁକର ଗୁଳି।

ତୁ ନିଜେ ତୋ' ମୃତ୍ୟୁ ନେଇ ଜନ୍ମ ହୋଇଥିଲୁ,
ମା' ଭଉଣୀଙ୍କ ପାଇଁ ହାତେ ଧରି ଚୁଡ଼ା ବା ଚାଉଳ
ଯାଉ ଯାଉ ଗାଁ-ମୁଖେ ପଡ଼ିବାକୁ ଟଳି ପ୍ରଥମରୁ;
ନ'ଅଙ୍କ ଦୁର୍ଭିକ୍ଷ କାଳେ ଯଥା ପୂର୍ବେ ଆଜି ସେଇପରି।
ତୋ' ରକ୍ତରେ ପିଚୁ ରାସ୍ତା ଆଜି ଗଲା ବୁଡ଼ି।
କହୁଥିଲୁ- ଦାରିଦ୍ର୍ୟର ସୀମାରେଖାତଳେ ଚାଲ୍ ବୁଲ କିମ୍ବା
କୋଠାଙ୍କର ଛାଇତଳେ ବସିବାଠୁ ଭଲ ବିଦ୍ଧ ହେବା।

ସନାତନ! ତୋ' ବିନା ମୁଁ ନିହାତି ହତାଶ।
ବଳ ନାଇଁ କାନ୍ଧେଇବାକୁ ତୋ' ଶବ। ରୁଦ୍ଧ ଘରେ
ବସି ବସି ଜଣେ ଘୃଣ୍ୟ ବନ୍ଦୀ ଭଳି ଆଜି
ଜୀବନ ଭିକ୍ଷା କରୁଚି ମୁଁ। ଭୟରେ କମ୍ପୁଚି।

ମୋ ଛାତି ପଂଜରା ଭିତରେ ଆରତରେ ଚଉତିଶା
ଗାଉଚି ମୋ ଶବ। ମୋ ଶବ ଦେଖି ମୁଁ ତ୍ରସ୍ତ।
ସନାତନ! ପୁନରାୟ ଜାତ ନ ହେଲେ ତୁ
ଏଇ ରୁଦ୍ଧ ଘରୁ ବାହାରି ପାରିବି ନାହିଁ ମୁଁ।
ସନାତନ! ଏଥର ମାଟିରୁ କି ମାଂସରୁ ଜନ୍ମ ନ ହୋଇ
ଜନ୍ମ ନେବୁ ସୀସକ ଭିତରୁ। ତେବେ ଆଜି ଭଳି
ଘୃଣ୍ୟ ଭାବେ ମରିବାକୁ ପଡ଼ିବନି ବନ୍ଧୁକ ଗୁଳିରେ।।

'ସମାସ' ଅକ୍ଟୋବର ୧୯୮୪ରେ ପ୍ରକାଶିତ

ବନ୍ଧୁକଧାରୀ ମେଘ

ଦଶଦିଗ ଆଚ୍ଛାଦିତ ଖାକି ପୋଷାକରେ ।
ପବନରେ ବାରୁଦର ବାସ୍ନା । ଘନ ଘନ
ହୁଇସିଲ୍, ବୁଟ୍ ଆଉ ଟିଅର୍-ସେଲ୍
ପଡ଼ିବାର ଶବ୍ଦ ଭାସି ଆସେ ।

ଆକାଶରେ ଦଳ ଦଳ ବଂଧୁକଧାରୀ ମେଘ ।
ଡେଣାରେ ଡେଣାରେ ଲୁକ୍‌କାୟିତ କାଟ୍ରିଜ୍ ଧରି
ସେମାନେ ଦଉଡ଼ିବା ମୁଁ ଦେଖିପାରୁଚି ।

ଅଟକି ଯା ସନାତନ ! ଅଟକି ଯା
ବିନା କାରଣରେ ତୋ' ମୁଣ୍ଡରେ ଟେକା
ତୋ'ପିଠିରେ ଗୁଳି ବାଜିପାରେ ।

ଜିପ୍‌ଗାଡ଼ିମାନଙ୍କରେ ବିଜୟ-ତିଳକ
ପରି ରକ୍ତ ଛିଟା ! ଦେଖ୍...
ନିଶ୍ଚୟ କେଉଁଠି ବ୍ୟାଙ୍କ ଲୁଟ୍
କର୍ଫ୍ୟୁ ଜାରି କିମ୍ବା ଲଢ଼େଇ ଚାଲିଚି
ଘମାଘୋଟ । ଅଥବା କେଉଁଠି
ବିଦ୍ରୋହୀ ଯୁବକ କରିଚି ପ୍ରାଣ-ପାତ ।
ସଭାରେ ଲାଠି ଚାର୍ଜ ।
କିଏ ଜାଣେ, ଆଉ ସବୁ କ'ଣ ହେବ ?

ତୁ ପଦାକୁ ଯାଆନା ସନାତନ !
ବତାସ ହିଂସ୍ର ହୋଇଉଠୁଚି ବେଳକୁ ବେଳ,

ମେଘମାନେ ଲୋଲୁପ ହେବା କେବେ ଶୁଣିଥିଲୁ ?
ଆକାଶ ରେ-ରେ-କାର କରିବା କେବେ ଜାଣିଥିଲୁ ?
ଏତେବେଳେ, କିଏ ଦେଖିବ
ତୋ' ଛାତିରେ ଝୁଲୁଥିବା ଅହିଂସା ପଦକ ?
ତୁ ଶାନ୍ତିର ବ୍ରତ ପାଳୁଚୁ- କହିଲେ
କିଏ ଶୁଣିବ ? ଅତି ନିର୍ବୋଧ ଭାବେ
ଦିନକୁ ବକତେ ଖାଇ ସଞ୍ଚିଥିବା ଲହୁକୁ
ପିଚୁରାସ୍ତାରେ ଅଜାଡ଼ି ଦେବୁ ସିନା ।

ପ୍ରତିଟି ମୁହୂର୍ତ୍ତରେ ଗୁଳି-ବର୍ଷଣର
ସମ୍ଭାବନା । ପ୍ରତିଟି ପଥରେ
ମୃତ୍ୟୁର ସୂଚନା ।
ତୋ'ର କାନ୍ଦିବାକୁ ମନ ହେଉଛି ତ
ଘରେ ବସି କାନ୍ଦ୍,
ଦର୍ପଣକୁ ଗାଳି ଦେ, କାଚ ଗିଲାସ
ଭାଙ୍ଗ୍, ନିଜର ଜାମା ଛିଣ୍ଡାଇ ପକା
ତୋ' ପରି ନିରସ୍ତ୍ର ମଣିଷର ସ୍ଥାନ
ଆଜି ଜନପଥରେ। ନାହିଁ ।
ହିଂସ୍ର ବାଦଲମାନଙ୍କୁ ଶାନ୍ତିର ମନ୍ତ୍ର
ଲାଗିବ ଏକ ଜୋକ୍ ପରି । ସେମାନେ ତ
ଘରେ ଘରେ ଅଶ୍ରୁର ବନ୍ୟା
କରିବାକୁ ପ୍ରତିଜ୍ଞାବଦ୍ଧ । ତୋ'ର ଅହିଂସାଭାବ
ଶୁଣି ଟିକିଏ ମଜା କଲା ପରେ
ସେମାନେ ବଜ୍ରାଦି ଅସ୍ତ୍ରର ଖେଳ ଦେଖାଇବେ ।
ବାଲ୍‌କୋନିରେ ଠିଆ ହୋଇ ଅନେକ ଉପଭୋଗ
କରିବେ ସେ ଦୃଶ୍ୟ । ତୋ' ପିଠିରୁ ରକ୍ତ ବାହାରିଲେ
ତାଳି ମାରି ଉଲ୍ଲସିତ ହେବେ ଅନେକ ।।

■

'ନବଲିପି', ଅକ୍ଟୋବର ୧୯୮୪ରେ ପ୍ରକାଶିତ

ବରଗଛ

ଏଇ ତ ସେଇ ବରଗଛ
ଯିଏ ତୋ' ଶବକୁ
ଛାଇ କରି ଠିଆ ହୋଇଥିଲା ନ'ଅଙ୍କରେ ।

ସେଇ ଶବର ମାଟି-ଖିଆ ହାଡ଼ର ସନ୍ଧିରୁ
ତୁ ପୁଣି ଗଜେଇବା ଦେଖି
ସେ ଖୁସିରେ ଡାଳ-ପତ୍ର ହଲାଇ
ଉତ୍ସବ ପାଳନ କରୁଛି ।

ବଳଦ ଯୋଚି ବିଲକୁ ଗଲା ବେଳେ
ସେ ଦେଖେ ତୋ'ର ତୋରା ମୁହଁ
ତୋର ମନଫୁଲାଣିଆ ଗୀତ
ଶୁଣିବ ବୋଲି ସେ କାନେଇଥାଏ ।

ତା'ର ବିଶ୍ୱାସ ନ ଥିଲା
ତୁ ପୁଣି ଚାଷକୁ ବାହାରିବୁ ବୋଲି
ମୁଣ୍ଡରେ କଚଡ଼ା ବୋହି ନେବୁ ଘରକୁ
ବଳଦଙ୍କୁ ଗାଧୋଇଦେବୁ ନଈରେ ।
ତା'ର ବିଶ୍ୱାସ ନ ଥିଲା
ହାଟରେ ମୁଗ ବିକି ଫେରିବାବେଳେ
ତୁ ତା'ର ଛାଇରେ ବସି

ଅଭିଆଡ଼ୀ ଭଉଣୀର ବାହାଘର କଥା
ଭାବିବୁ ବୋଲି !

ତୋର ସେଇ ଶୁଭ-କାମୀ ବୃକ୍ଷକୁ
ପ୍ରଣାମ କରରେ ସନାତନ
କେତେ ଯତ୍ନରେ ସେ ରକ୍ଷା କରିଥିଲା
ତୋ'ର ମଲା ଦେହର ଅବଶେଷ
ଭୋକିଲା ଶାଗୁଣା-ବିଲୁଆଙ୍କ ମୁହଁରୁ ।।

ରଚନା: କଟକ, ୮।୭।୮୫

କହି ଦେ

ଏମିତି ମୁଣ୍ଡ ନଇଁ
ଠିଆ ହ'ନା ରେ ସନାତନ
ହାତ ଯୋଡ଼ିଥିଲେ
ଯୋଡ଼ିଥିବୁ ଚିରକାଳ।

ତୋରି ଉପସ୍ଥିତିରେ
ଘୋଷଣା କରାଯାଉଚି-ତୁ ମୃତ
ତୁ ପ୍ରତିବାଦ କର।
ପ୍ରତିବାଦ ତୋ'ର ଅଧିକାର।

କହି ଦେ- ଆଜିର ଅବସ୍ଥା ଲାଗି
ସନାତନ ଦାୟୀ ନୁହଁ।
କାରଣ ତୁ ତ କେବେ କିଣି ନାହୁଁ
ବନ୍ଧୁକ। ତୁ କେବେ ତିଆରି କରିନୁ
ବୋମା। ମାରଣାସ୍ତ୍ର ସହିତ ତୁ ବା
କେଉଁଦିନ ବଂଧୁତା କଲୁ ଯେ
ହତ୍ୟା, ଲୁଣ୍ଠନ, ବିସ୍ଫୋରଣ ଲାଗି
ଦାୟୀ କରାଯିବ ତୋତେ !
ଏବେ ଖୋଲ ତୋର ପାଟି।

କହି ଦେ ଯେ ସବୁ ମୃତ୍ୟୁ ପାଇଁ
ଦାୟୀ ସେଇମାନେ ଯେଉଁମାନେ କେବେ
ଓହ୍ଲାଇବାକୁ ଚାହାନ୍ତି ନାହିଁ ସିଂହାସନରୁ।

ଦେଖିବୁ ତୋର କଥା ପଦକରେ
ପାଟି ଖନିମାରିଯିବ ବନ୍ଧୁକର
ଯିଏ ବୁଲି ବୁଲି ଗୁଣ କୀର୍ତ୍ତନ କରୁଛି
ସମ୍ରାଟ୍‌ର।।

ରଚନା: କଟକ, ୩।୭।୮୪

ଠୋପା ଠୋପା ଝାଳ ସଅଁପି ବିଲକୁ...

ଦେଉଳ ପରି ତୋ' ଧାନବଦାଡ଼ିଟି ମାନ
ଉପରେ ଆଜିରେ ଜହ୍ନ ଲେପିଚି ଚୂନ,
ସେଥିଲାଗି କି ରେ ପତାକା ଉଡ଼ାଉ ମଥାରୁ
ଠେକାଟି ଖୋଲି
ଜହ୍ନ ଭିତରେ ଅପାସୋରା କାହା ମୁହଁଟି
ଦିଶୁଚି ବୋଲି !
ଦିଗେ ଦିଗେ ଦିଶେ କୁହୁଡ଼ି ପରି ତୋ
ମା'ର ପାଚିଲା କେଶ
ଚମ ଧୁଡୁଧୁଡୁ ଦିହସାରା ହାଡ଼
ଅନାଥିନୀ ପରି ବେଶ
ଠୋପାଏ କାକର ପଡ଼ିଲେ କେଉଁଠି
ଲାଗେ ମା' ଡାକ ପରି
ଚଢ଼େଇ ଛୁଆର ଚିଁ-ଚାଁ ଶୁଭେ
ଭଉଣୀ କାନ୍ଦ ଭଳି ।

ବୁଝି କି ନପାରୁ ଆରେ ସନାତନ !
ମା'ର ଆକୁଳ ଭାବ
ତୋତେ ଖୋଜୁଚି ସେ ଦିଗ ଦିଗ ବୁଲି
ଓଲଟାଇ ସବୁ ଶବ ।

କହି ଦେ, କହି ଦେ, ମରିନୁ ମରିନୁ
କେଉଁ ଗଛ ଛାଇ ତଳେ
ଶୋଇ ଯାଇଥିଲୁ, ଦେହଟି ସଅଁପି
ଭୋକିଲା ବିଲୁଆ ଦଳେ।

କହି ଦେ ମା'କୁ-ପଚା ନ'ଅଙ୍କର
ଶଢ଼ା ଶବଟିର ଛାତି
ଅମୃତ ଥିଲା। ସମୟ ସେନେହେ
ସେଇଥିରୁ ପୁଣି ମାତି।
ସନାତନ! ତୁ ରେ ଶାଳ ଗଜା ପରି
ଠିଆ ହୋଇ ନିଜ ଗୋଡ଼େ
ଆପଣା ଖଳାରେ ଜହ୍ନ ଦେଖୁଚୁ,
ନ ମରି ସୁଅର ତୋଡ଼େ।
ଲଢ଼େଇ କରିଚୁ କାଳ କାଳ ଧରି
ନ ସହି ଭୋକର ଦାଉ
କେତେବେଳେ ପିଇ ଶୀତଳ ପେୟରେ
କେବେ ସେ ଗରମ ଯାଉ।

ମିତ ବସିଚୁ ତୁ କ୍ଷେତର ସହିତ
କୋଡ଼ି କୋଦାଳରେ ହାଣି,
ଗହୀର କୂଅରୁ ସାତ ଡେଣ୍ଡାରେ
ମଡ଼ାଇ ଦେଉଚୁ ପାଣି...।
ଶୁଖିଲା ବିଲର ତନୁକୁ ଦେଇଚୁ
ସବୁଜ ସବୁଜ ଶାଢ଼ି
ହିଡ଼ରେ ଚରିବା ଗାଈ-ଗୋରୁ ଦଳ
କଇଁଫୁଲ ପକା ଧଡ଼ି।
ସନାତନ! ଦେଖ୍, ଦିଗେ ଦିଗେ ଆଜି
ଉଭା ଯେତେଜଣ ନାରୀ

ତାଙ୍କର ମୁହଁ ଦିଶେ ନାହିଁ କିରେ
ତୋ' ମା' ମୁହଁ ପରି ?
ଚଉପାଶେ ଆଜି ଧୂଳି-ଧୂସରିଆ
ଯେତେ ଦରଫୁଟା କଳି
ଦିଶେନି କି ସବୁ ତୋ'ରି ହଜିଲା
ଭଉଣୀର ମୁହଁ ଭଳି ?

ଠୋପା ଠୋପା ଝାଳ ସଅଁପି ବିଲରୁ
ଫଳାଇଚୁ ଯେଉଁ ଧାନ
କହି ଦେ କରିଚୁ ରଖିବା ପାଇଁ ତୁ
ମା' ଭଉଣୀଙ୍କ ମାନ ।

■

'ନୂଆ ଦୁନିଆ', ଅକ୍ଟୋବର ୧୯୮୫

କାନ୍ଦିବାର ଦିନ

ପକ୍ଷୀଗୀତ ନୁହେଁରେ ମନ୍ତ୍ରଣାର ଚାପା ଧ୍ୱନି
ଶୁଣିପାରୁଚୁ ତ ସନାତନ ?
ଆଗକୁ ଆସୁଚି, ଭୋ ଭୋ କାନ୍ଦିବାର ଦିନ।

ଦିନକୁ ଦିନ ତୁ ବଢୁଚୁ ବୋଲି କେଡ଼େ ସତର୍କ
ହୋଇଗଲାଣି କଂସ। ଦେଉଚି ପ୍ରତ୍ୟହ ଅନୁଦାନ,
ବାଣ୍ଟୁଚି ଜମିର ସ୍ୱତ୍ୱ। କହୁଚି ଭାଷଣରେ ନିତ୍ୟ
ଯେ ସନାତନ ହିଁ ଇତିହାସର ସତ୍ୟ।

ବୁଲେଟ୍-ପ୍ରୁଫ୍ ବାଲ୍‌କୋନିରୁ ଦେଖୁ ଦେଖୁ
ଚନ୍ଦ୍ରମାର ଉଦେ-ଅସ୍ତ
କଣ୍ଢି ଯାଉଚି ସେ କେତେ ନିଖୁଣ ହତିଆର,
ଯେମିତି ଧାରେ ହସରେ ସଭିଙ୍କୁ କରିବ ଅକ୍ତିଆର।

ଅବୁଝା ସନାତନ। ସବୁଜିମାର ପ୍ରେମରେ
ନିଜକୁ ଭାବିଚୁ ଅଜାତଶତ୍ରୁ ! ବିନା ହେଲମେଟ୍‌ରେ
ତୁ ମାଟି ହାଣୁ ବୋଲି ଖବର ରଖିଚି
ଉପଗ୍ରହର କ୍ୟାମେରା।
ଆକାଶରୁ ଖସିଲେ ବଜ୍ର ବା ବୋମା
ବୃଥା ଯିବନି ଆଉ। ସନାତନର ମୁଣ୍ଡ ଅଛି।
ଅଛି ବେକ-ମୂଳ ଓ ପିଠିର ଚଉତରା।

କାହିଁକି ଆଉ ଏତେ ମିଶାଇଲ, ଏତେ ବୋମା,
ଏତେ ଗବେଷଣା ?
କରିବା ପାଇଁ ତୋ'ରି ମୁଣ୍ଡ ଚୂନା ତ !

ତୋର ଗୋଟିଏ ମୁଣ୍ଡ ଭିତରେ କୋଟିଏ ମୁଣ୍ଡ
ଚିହ୍ନଟ କରିଚି କମ୍ପ୍ୟୁଟର ।
ଚିହ୍ନଟ କରିଛି ବୋଲି କମ୍ପୁଛି ଠିଆ ଠିଆ ।
ଓଷଦ ରାଗରେ କାମୁଡୁଛି ତାଟିଆ ।
କୁଆଡୁ ଚିହ୍ନିବୁ ତୁ ଉପଗ୍ରହକୁ ।
ଖଡ଼ିଗାର ଉପରେ, ହନୁମାନର ପ୍ରଶ୍ନ-କୋଠୀରେ
ତୁ ଜନ୍ମ ହୋଇଥିଲୁ କି ନା !

ଉପଗ୍ରହର ଚକ୍ଷୁ ତୋ' ଚମଡ଼ା ଚକ୍ଷୁ ଭଳି
ମିଟ୍ ମିଟ୍ କରେନିରେ ସନାତନ, ଛଳ ଛଳ
ହୋଇଯାଏନି ସମ୍ବେଦନାରେ । ବିନା ପଲକରେ
ସେ ତୋତେ ହିଁ ଲକ୍ଷ୍ୟ କରିଆସୁଛି ପ୍ରତିଦିନ
ଯେମିତି ହଜି ନ ଯାଉ ଛଦ୍ମବେଶରେ କେଉଁଠି ।

ବରଗଛ ଛାଇରେ ତୁ ଶୋଇଲେ
ସେ ଶାଗୁଣା ପରି ଚକ୍କର୍ ମାରୁଥାଏ ।
ଲଟ୍‌କି ରହେ ଜହ୍ନ ଭଳି ରାତିରେ ।
ବିଲୁଆ ପରି ଚାହିଁଥାଏ, ପବନ ପରି ବଜଉଥାଏ
ସୁସୁରି । ଜଗିଥାଏ ରାତି ଦିନ ।
ତୁ ଅଧା-ଲୁଗା, ଅଧା-ପେଟରେ ଶୁଖି ଶୁଖି
ମରିବା ପର୍ଯ୍ୟନ୍ତ ସେ ତୋତେ ଜଗିଥିବ ।

ପ୍ରତିଦିନ ମପା ଚାଲିଚି ତୋ'ର ନିଃଶ୍ୱାସ
ସେ ଜାଣେ, ଆଉ କେଇଟା ନିଃଶ୍ୱାସ ତୁ ବଞ୍ଚିବୁ ।
ଯେଉଁଦିନ ତୋ'ର ଶେଷତମ ନିଃଶ୍ୱାସକୁ

ସେ ଦେଖିବ, ସେଇଦିନ କାନ୍ଦି କାନ୍ଦି କହିବ କମ୍ପ୍ୟୁଟର
: କେଡ଼େ ସୁନ୍ଦର, କେଡ଼େ ମହାନ୍ ଥିଲା ସନାତନ
ତା'ର ଚାଲିଯିବା ହୁଏନି ବିଶ୍ୱାସ।
କଂସ ପାଇଁ ଆକାଶ ଆଜି ସନ୍ଦିଗ୍ଧ।

ମାଟିର ଗଜାକୁ ସେ ଡରୁଚି। ଅନୁକ୍ଷଣ।
ପବନ ବହିଲେ ଭାବୁଚି ଶତ୍ରୁର ଚାଲ୍।
ଭାବି ହେଉଚି, କେମିତି ବିନିଷ୍ଟ ହେବ ସନାତନ।

ଆକାଶ-ଭରା ମିଶାଇଲ୍। ଜହ୍ନ
ବଦଳରେ, ମେଘ ବଦଳରେ ଉପଗ୍ରହ।
ତୁ ଶୁଖିଲା ମାଟିକୁ ଜାବୁଡ଼ି ଧରି
ଭୋ-ଭୋ ହୋଇ କାନ୍ଦିବାର ଦିନ
ପାଖେଇ ଆସିଚି। ତୁ କେବେ
ସତର୍କ ହେବୁରେ ସନାତନ ?

'ଝଙ୍କାର', ବିଷୁବ, ୧୯୮୬

ଅପଢ଼

କେଇଖଣ୍ଡି ହାଡ଼, ପୁଳାଏ ମାଂସ
ଖଣ୍ଡିଏ ଧୋତି ଓ ଗୋଟିଏ ଗାମୁଛାର ମଣିଷ
କେବଳ ତୁ ନୋହୁଁ ସନାତନ !

ତୁ ସେଇ ଶାନ୍ତି-ଭିକ୍ଷୁ
ତୁ ସେଇ ଶାନ୍ତ-ରକ୍ଷିତ,
ପଥର ଚୌକିରେ ବସି
ତରଳ ପ୍ରେମ ବାଣ୍ଟୁଥିବା
ଆଚାର୍ଯ୍ୟ ତୁ !
କରୁଣାରେ ବିଗଳିତ
ଶ୍ରମଣ ତୁ !

ପିମ୍ପୁଡ଼ିଙ୍କ ଗାତରେ
ଗୁଡ଼-ପାଣି ଢାଳି
ଆନନ୍ଦରେ ଆତ୍ମ-ହରା ହେଉଥିବା
ତୀର୍ଥଙ୍କର ତୁ ।
ବୈଶାଖରେ ଶୋଷିଲା ବାଟୋଇକୁ
ନବାତ ପଣା ଓ ଛତାର ଛାଇ
ଦେଉଥିବା ବ୍ରାହ୍ମଣ ତୁ ।

ନା, ନା, ଏ ସଭିଙ୍କଠାରୁ ମୁଁ ତୋତେ
ଆଉରି ବଡ଼କରି ଭାବିଚି ରେ ସନାତନ।
ତୁ ମାଟି ପରି, ପାଣି ପରି, ପବନ ପରି,
ବସ୍ତୁ ପରି ବର୍ତ୍ତମାନ। ଅବସ୍ତୁ ପରି ଚିରନ୍ତନ।

ଯେଉଁ ବାରବାଟୀ ଗଡ଼ର ଚନ୍ଦ୍ରଶାଳାରେ ବସି
ନିଶାମଣିଠାରୁ ଚୁମ୍ବନ ଖାଉଥିଲା ରାଜକୁମାରୀ
ମାତ୍ର କେତୋଟି ତୋପର ପ୍ରତାପରେ ତା' ଭାଙ୍ଗିପଡ଼ିଲା ନା?

ଆଜି ମୁଁ ଏକାକୀ ବସି ବରଫ-ମିଶା ବିଅର୍ ପିଉଥିବା
ତ୍ରି-ଦିଗ ଖୋଲା ବାଲ୍‌କୋନିଟା କେଇଦିନ ରହିବ!

ଲକ୍ଷେ ନଟୀଙ୍କୁ କାନ୍ଧରେ ବସାଇ
ଆକାଶକୁ ଆଖି ଦେଖଉଥିବା କୋଣାର୍କ ତ
ବାଲିରେ ଆଣ୍ଠେଇ ପଡ଼ିଲା ମୁଣ୍ଡ ହରାଇ!
ଆଜି ପତାକା ଉଡ଼ାଇ ବସିଥିବା ମୋ କୋଠା
ତା' ଭିତରେ ଧରାକୁ ସରା ମଣୁଥିବା ମୁଁ
କେତେ ଦିନ ରେ ସନାତନ? କେତେଦିନ?

କିନ୍ତୁ ତୁ ଥିଲୁ, ତୁ ରହିବୁ
କେତେବେଳେ ଶୁଷ୍କ ନଈକୂଳର
ଉଦ୍‌ବାସ୍ତୁ ଖଜୁରିଗଛଟିଏ ଭଳି
ତୁ କେତେବେଳେ ଲାଲ ଫୁଲରେ ଲଦି ହୋଇ
ଜଗତ ବିରୁଦ୍ଧରେ ପ୍ରେମ ଘୋଷଣା କରୁଥିବା
ଶିମୁଳି ଗଛ ପରି କୀର୍ତ୍ତନକର ଠାଣିରେ
ତୁ ଥିବୁ........

କାନ୍ଧରେ ହଳ ଓ କୋଦାଳ,
ଅଣ୍ଟିରେ ଦା', ହାତରେ ନିଶାଣ,
ତୋ ପଗଡ଼ିରେ ଝଲସୁଥିବା ସୂର୍ଯ୍ୟଙ୍କ କିରଣ।

ଜାଣି ନ ଥିଲା ଚଣ୍ଡାଶୋକ
ଗୋଟିଏ ମୁଣ୍ଡ କଟିଗଲେ
ପଲକରେ ଆଉ ଏକ ମୁଣ୍ଡ
ଗଜୁରେ ବୋଲି ତୋ' କାନ୍ଧରେ।

ହଜାର ହଜାର ସମରରେ
ହଜାର ହଜାର ଥର ତୋତେ
ମୁଣ୍ଡ ହରେଇବାକୁ ପଡ଼ିଚି।
ହଜାର ହଜାର ଥର ମୁଣ୍ଡ ଉଠିଛି ତୋ' କାନ୍ଧରୁ।

ଖଣ୍ଡାରେ କି ଦଣ୍ଡାରେ
କୋପରେ କି ତୋପରେ
ବଢ଼ିରେ କି ପୋଡ଼ିରେ-ତୁ ମରିନୁ।
ମରିନୁ ବୋଲି ତ ଲାଲ୍ ଗାମୁଛା ତୋ'ର
ହୋଇ ପାରିଚି ନିଶାଣ।
ତୋର ନିଟୋଳ ହସ
ଶତାବ୍ଦୀମାନଙ୍କୁ କରୁଚି ଉପହାସ।

ଘର-ଭସା ବଢ଼ିରେ କି
ଚାଳ-ଉଡ଼ା ଝଡ଼ିରେ,
ହଂସ-ଉଡ଼ା ତାତିରେ କି
ବର୍ଗୀ-ଭରା ରାତିରେ
ଠିଆ ଠିଆ ଧାନଗଛ ପରି
ତୁ ମରଣ ସହିତ ଯୁଝିଆସିଚୁ।

ଏଇ ତ ସେଦିନ
ମାମୁଘରୁ କୁରାଢ଼ି ଆଣିଲା ନ'ଅଙ୍କ
ଚିରିଲା ତୋ'ର କଙ୍କାଳ
ଫୋପାଡ଼ିଲା ଦିଗ୍‌ବିଦିଗ।

ତୁ ପଡ଼ିଲୁ ବର୍ମାରେ,
ତୁ ପଡ଼ିଲୁ କଲିକତାରେ।
ତୁ ଯେଉଁଠି ପଡ଼ିଲୁ ପୁଣି ସେଇଠି ଗଜୁରିଲୁ।
ଦା'ରେ କୋଡ଼ିରେ ସଜେଇ ଦେଲୁ ବିଲ
ସୁନେଲି ଧାନ୍ୟ, ସବୁଜ ଫସଲ।
ତୋତେ ଯେତେବେଳେ ଦଂଶୁଥିଲା ନ'ଅଙ୍କ
କେଉଁ ରାଣୀ ତୋ'ଲାଗି ପାତି ନଥିଲା ଅଙ୍କ
କହି ନଥିଲା... 'ଆହାରେ ମୋ ଧନ'
ତୋ' ଦେହରୁ ବିଷ ବାହାର କଲୁ ନିଜେ ତୁ
ତୋତେ ରକ୍ଷାକଲା ତୋ'ର ନିଜର କୁହୁକ।

ଦିନେ କେଉଁ କାବେରୀ ତଟରେ ତୋ'ର ଶବ ଛାଡ଼ି
ହାତୀରେ ବସାଇ ପଦ୍ମାବତୀ ଫେରିଆସିଥିଲା ରାଜା
ଶହ ଶହ ବିଧବାଙ୍କ କାନ୍ଦଣା ପାସୋରି
ଦେଖୁଥିଲା ନୂଆ ରାଣୀଙ୍କ ମୁହଁ
ଭୁଲିଥିଲା ତୋ' କଥା, ତୋ' ପୁଅ-ରଙ୍କୁଣୀ ମା' କଥା
ବାହୁରେ ବ୍ରତ, ନାକରେ ନୋଥ ଲଗାଇ ଚାହିଁଥିବା ତୋ' ସ୍ତ୍ରୀ କଥା
ସବୁ ଭୁଲି ଯାଇଥିଲା ରାଜା
ଆହା' ତୋ'ର ପ୍ରଜାଦରଜୀ ରାଜା !

ସମର-ଶ୍ମଶାନରୁ ତୋତେ ଆସିବାକୁ ହେଲା
ନିଜେ ନିଜର ଶବ ବହି।
ଫେରିଆସିଲୁ ବୋଲି ଇଜ୍ଜତ ରହିଗଲା ତୋର।

ତୋ'ରି କଥା ଭାବି ଯେତେ ମହାରାଜାଙ୍କ ସଙ୍ଗେ
ମୋର ଅପଡ଼। ଭାଟଙ୍କ ସହିତ ଅପଡ଼।
ଖଂଜଣିର ସୁର୍‌ରେ- "ଆହା, ଏ ଜୀବନ କିଛି ନୁହେଁ"
ବୋଲି ଡାକ ଦେଉଥିବା ସାଧକ ସହିତ ମୋର ଅପଡ଼।
ଶତ୍ରୁ ମୁହଁକୁ ନିଆଁ ନ ଫୋପାଡ଼ି
ନିଜେ ନିଆଁକୁ ଡେଇଁ ଇତିହାସର ସାବାସି
ପାଇବାକୁ ଚାହିଁଥିବା ମାଇପିଙ୍କ ସଙ୍ଗେ ମୋର ଅପଡ଼।
ନିଆଁ ଗିଳି ସର୍କସ କରୁଥିବା ମରଦଙ୍କ
ସଙ୍ଗେ ମୋର ଅପଡ଼।
ନିଆଁରେ ଚାଲି ହଟ-ଚମଟ କରୁଥିବା
ସାଧକ ସହିତ ମୋର ଅପଡ଼।

ଚାଟୁକାର କବି ସହିତ ମୋର ଅପଡ଼।

ଖଣ୍ଡା ନ ଝମକାଇ କାଖରେ ମାଠିଆ ଧରି
ମୁଣ୍ଡରେ ଓଢ଼ଣା ଦେଇ
ନଈକୁ ଡେଇଁ ପଡ଼ିଥିବା ଠାକୁରାଣୀଙ୍କ
ସଙ୍ଗେ ମୋର ଅପଡ଼।

ହାତ ପରଷୁଥିବା ମହାରାଣୀ ସହିତ ଅପଡ଼।
ପେଟ ଦେଖେଇ ପଇସା ମାଗୁଥିବା ମାଙ୍କଡ଼ ସହିତ ଅପଡ଼।
ଘଟ ସହିତ ଅପଡ଼। ପାଟ ସହିତ ଅପଡ଼।
ଥାଟ ସହିତ ଅପଡ଼। ବାଟ ସହିତ ଅପଡ଼।

ଅପଡ଼ ଅପଡ଼-ଗୋଟା ଇତିହାସ ସହିତ ଅପଡ଼।
ହାଣୁଥିବା ହାତ, ଯୋଡ଼ି ଥିବା ହାତ ସହିତ ମୋର ଅପଡ଼।
ତୋତେ ଭଲପାଏ ବୋଲି ରେ ସନାତନ
ଆଜି ମୋର ସମସ୍ତଙ୍କ ସହିତ ଅପଡ଼।

■

'ସମ୍ବାଦ' ୧୯୮୬ ବିଶେଷାଙ୍କରେ ପ୍ରକାଶିତ
ବିଭିନ୍ନ ପାଠୋତ୍ସବରେ ପଠିତ

ଅବାଞ୍ଛିତ ଉପାଖ୍ୟାନ

ଯେତେବେଳେ ଯେଉଁ ସଭାକୁ ମୁଁ ଯାଇଚି
କହିଚି ତୋ'ର ବୃତ୍ତାନ୍ତ
ଦେଖାଇଚି ତୋ'ରି ଚିତ୍ରପଟ
ପୁକାର୍ ଦେଇଚି ମୁଁ ସ୍ଲୋଗାନ୍
"ସନାତନ ଅମର ରହୁ,
ଅମର ରହୁ ସନାତନ।"

କିନ୍ତୁ, ମୋର ଦୁଃଖ ଏହି ଯେ
ପ୍ରତ୍ୟେକ ସଭାରେ ତୁ ଗୋଟାଏ ଅବାଞ୍ଛିତ ଉପାଖ୍ୟାନ,
ତୋ' କଥା ପଡ଼ିବା ମାତ୍ରେ
ଖାଲି ହୋଇଯାଏ ଆଗ ଧାଡ଼ି
ମୁହଁରେ ରୁମାଲ୍ ଦେଇ ହସେ ସଭାଘର।
ବୁଝିପାରୁଚୁ ତ ସେ କି ଅପମାନ!

କେହି ଚିହ୍ନନ୍ତି ନାହିଁ ତୋ'ପରି ମଳିମୁଣ୍ଡିଆକୁ
ଯିଏ ଚିହ୍ନେ ସେ ସ୍ୱୀକାର କରିବାକୁ ନାରାଜ,
ଜଣେ ବି କେହି ଖୋଲେନା ଗୂଢ଼ ପରିଚୟ
ଯେ ସେ ଏଇ ସନାତନର ଆତ୍ମୀୟ।
ଅଥଚ, ତୁ ସେଇ ସନାତନ
ଏଇସବୁ ଅକୃତଜ୍ଞ ଭଦ୍ରଜନଙ୍କ ଲାଗି
କେତେବେଳେ ଧର୍ମପଦ ପରି

ଯାଚି ଦେଇଚୁ ପ୍ରାଣ
ତୁ କେତେବେଳେ ବାଜିରାଉତ ପରି
କରିଚୁ ଆତ୍ମ-ଦାନ,

ବେକରେ ଫାଶୀ ଗଳାଇ କେତେବେଳେ
ଜୟୀ ରାଜଗୁରୁ ପରି ନିର୍ଭୀକ ତ
କେତେବେଳେ ଲକ୍ଷ୍ମଣ ନାଏକ ପରି ହସି ହସି
ସ୍ୱାଗତ କରିଚୁ ମରଣ,

କେତେବେଳେ ପୋଲିସ୍‌ର ଗୁଳିରେ ମରିଚୁ
ତ କେତେବେଳେ ହାତ ପାଦରେ ଶିକୁଳି ଧରି
ଅନ୍ଧାରି ଜେଲ୍‌ରେ ଶଢ଼ିଚୁ ମାସ ମାସ ।

ସେଇସବୁ ମୃତ୍ୟୁ, ସେଇସବୁ ପରାଜୟ
ଭିତରେ ତୋ'ର ନାହିଁ ନଥିବା ବିଜୟ

ହୋଇଚି ବୋଲି-କୁଆଡୁ ବୁଝିବେ ଭଦ୍ରଲୋକ,
ଏମାନେ ତ ବନ୍ୟାରୁ କାଞ୍ଚନ
ମରୁଡ଼ିରୁ କାମିନୀ ଉପାର୍ଜନ
କରିବାରେ ଅଭ୍ୟସ୍ତ ନାଗରିକ ।
କିନ୍ତୁ ତୁ ଏପରି ଏକ ସଂଗ୍ରାମ
ଯାହାର ହୋଇପାରେନା ଅବସାନ
ତୋର ମରିବା ନୁହେଁ ଏମିତି ସାଧାରଣ
ତୁ ଯେତେଥର ମରିଚୁ, ସେତେଥର ଦେଇଚୁ
ବଞ୍ଚିବାର ନୂତନ ଉଦ୍‌ବୋଧନ,

ଏବଂ ପୁଣି ଯେତେବେଳେ ମୁଁ ଦେଇଚି ଡାକ
ସବୁ ମୃତ୍ୟୁ, ସବୁ ଭୟ, ସବୁ ଯାତନାକୁ ଝାଡ଼ିଝୁଡ଼ି ଦେଇ
ତୁ ପୁଣି ଠିଆ ହୋଇଚୁ ମୋ ପାଇଁ-
ହାତରେ ଧରି ଦୁର୍ଜୟ ନିଶାଣ।

ସେଇଥିପାଇଁ ରେ ସନାତନ! ତୋ' ବଂଧୁତା ଯୋଗୁ
ପାଇଲେ ବି ମୁଁ ଲକ୍ଷେ ଘୃଣା ଓ ଅପମାନ
ମୋର ଜିଭରେ ନାଚେ ସେଇ ସଶ୍ରଦ୍ଧ ଉଚ୍ଚାରଣ
ସନାତନ ସନାତନ ସନାତନ
ସନାତନ ଭିତରେ.... ବିପୁଳ ଜୀବନର ଐକ୍ୟତାନ।

■

'ଝଙ୍କାର', ବିଷୁବ, ୧୯୮୭ରେ ପ୍ରକାଶିତ

କହିବାକୁ ଆସିଚି

ତୁମକୁ ଜୋକର୍
ଅଥଚ ମୋତେ ମହାନ୍ ଲାଗୁଥିବା ସନାତନ
ଆଜି ଏ ସୌଧ ଭିତରକୁ ଆସିଚି।
ଠିଆ ହୁଅ ଯୁବକ! ଠିଆ ହୁଅ।

ତା'ର ଜେଜେଙ୍କ ଜେଜେ କୃଷକ,
ବାପ ବନ୍ଦରର ଶ୍ରମିକ,
ଭାଇ କୋଇଲା ହାଣେ ଖଣିରେ।
ସେ କେମିତି ହେବ ତୁମେ ଖୋଜୁଥିବା ଦାର୍ଶନିକ!!

ଅତି ଅତି ସାଧାରଣ ଏକ କଙ୍କାଳ ସେ
କାନ୍ଧରେ ଭାର-ବହିବାର ଦାଗ
ହାତ-ମୁଠାରେ ଧାନ-ବୁଣିବାର ଚିହ୍ନ
ସେ ଚେଷ୍ଟା କରୁଚି ହସିବାକୁ
ଦାରିଦ୍ର୍ୟର ସୀମା ତଳେ ରହି
ଏକ ଓଳି ପଖାଳ, ଅନ୍ୟ ଓଳି ଖାଲି କଂସାକୁ ଚାହିଁ।

ରାତି-ଦିନ କ୍ଷେତ
ଜଗୁଥିବା ଏକ ପାଳଭୂତ
ପରି ସେ ଦିଶୁଚି ବୋଲି
କୁହନା ହୋଇଚି ଅନୁଚିତ

ଏ ସଉଧ ଭିତରକୁ ସନାତନକୁ ଆଣିବା।
ତା'ର ଏଇ ପୋଷାକରେ ଫୁଟି ଦିଶେ ଯେଉଁସବୁ କ୍ଳେଶ
ସେ ସବୁରେ ଲୁଚିଛି ଆମରି ଇତିହାସ।

ପେଟ ଖଙ୍କାଳି ଦେଲେ ସନାତନ ତୁମେ ଚିହ୍ନିବ
ସେ ତୁମ ଜେଜେଙ୍କ ଜେଜେ,
ପିଠିରୁ ଗାମୁଛା ଉତାରି ଦେଲେ ଦିଶିବ
ଚଣ୍ଡାଶୋକର
ଅସ୍ତ୍ରାଘାତ
ଛାତିରେ ବାଦ୍‌ଶା'ର
ତେଣ୍ଟା-କାଟ...

ଦେଖିପାରିବ- ଗୋରା ଫଉଜର ତୋପରେ
ଏକଦା ଧୁଣ୍‌-ଧୁଣ୍‌ ହୋଇଥିବା ତା' ଦେହଟାକୁ
ସେ ନିଜେ ସିଲେଇ କରି ନେଇଚି କେମିତି!!

ସେ ଆସିନି ଦେବାକୁ ପ୍ରବଚନ।
ଏଠି ତ ଧାଡ଼ି ଧାଡ଼ି ଟିଣ ଚଉକିରେ
ଧାଡ଼ି ଧାଡ଼ି ବିଦ୍ୱାନ୍‌!!
ସେମାନେ ତ ସାଧାରଣ ମଣିଷର ପ୍ରତିଟି ମରଣକୁ
ଫିଲୋସଫାଇଜ୍‌ କରିବାରେ ନିପୁଣ!
ସେ ଆସିନି କିଣିବାକୁ ବୈଜ୍ଞାନିକ
ଖୋଜିବାକୁ ବୋମା-ତିଆରିବା ଲୋକ
ଅଥବା, କେଉଁ 'ରୋବଟ୍‌' ପରି ଅ-ଜନ।
ସେ ଆସିଚି-ଯୁବକ ଭିତରେ
ବାଣ୍ଟିବା ପାଇଁ ନିଜକୁ,

ଯେହେତୁ ଏ କଙ୍କାଳ ଆଉ କହିପାରୁନି ତାକୁ
ଯୁବକର ରକ୍ତରେ ସେ ହେବାକୁ ଚାହେଁ ପ୍ରଲୀନ।

ଯେଉଁ ଯୁବକ ଦା'ପରି ଟାଣ
ତା'କୁ ସେ ଦେବ ନିଜର ଦାଢ଼,
ଓହ୍ଲାଇବାକୁ ନିଜ ଛାତିରୁ ଇତିହାସର ବ୍ୟଥା
ସେ ଯୁବକକୁ ଦେବ ନିଜର ମୁଠା
ଯୁବକ ଯୁବକ ଯୁବକ
ଚାରିଦିଗରେ ଯୁବକ
ଦେଖି କାନ୍ଦ୍-କାନ୍ଦ୍ ସନାତନ !

ହେ ଯୁବକ ! ତୁମେ ସବୁ କାହିଁକି ଦିଶୁଚ କରୁଣ ?
ତୁମକୁ କ'ଣ ଖାଇଯାଉଚି ସଉଧ ?
ଶୋଷି ନେଉଚି ଗ୍ରନ୍ଥ ? ?
ଏମିତି କେଉଁ ବିଷ ତୁମେ ନିୟମିତ ଖାଉଚ ଯେ
ଦିନକୁ ଦିନ ହ୍ରାସ ପାଉଚି ତେଜ ! !
ସଉଧ ବାହାରେ ତୁମର ମାଆମାନେ
କାନିରେ ଗଣ୍ଠିପକାଇ ଚାହିଁଛନ୍ତି ।
ତୁମେ ଗୋଟି ହେବା ପାଇଁ ତାଙ୍କର ସପନ ।
ହେ ଯୁବକ !
ହୋଇ ନିଦକ
ଭୁଲିଯାଇ ଗୋଲାମଙ୍କ ନାମ
ଆସ ବାହାରକୁ- କହେ ସନାତନ
ବାହାରେ ଅପେକ୍ଷା କରିଚି ତୁମଲାଗି
ନୂତନ ସଂଗ୍ରାମ ! !

■

ବାଣୀବିହାର (ଏପ୍ରିଲ ପହିଲା ପାଠୋତ୍ସବ)ରେ ପଠିତ
'ସମ୍ବାଦ' ବାର୍ଷିକ ବିଶେଷାଙ୍କ ୧୯୮୭ରେ ପ୍ରକାଶିତ

ସହିଦ

କିଏ କେଉଁଠି ଲୁଚିଲେ
ଛାତି ପତେଇ ଠିଆ ରହିଲୁ ତୁ
ନିଜେ ମରିବାର ଏମିତି ଅଭ୍ୟାସ
ତୁ କାହିଁକି କରିଚୁରେ ସନାତନ ?

ସବୁଦିନେ ତୋ' ମୁଣ୍ଡ ପାଇଁ
ସ୍ୱର୍ଗର ଚିନ୍ତା। ଶିବିରରେ
ମନ୍ତ୍ରଣା। ପୁରସ୍କାରର ଘୋଷଣା।
ଭାଇମାନଙ୍କୁ ଲାଞ୍ଚ।

ଅଥଚ, ତୁ ବୁଝିବାକୁ ଚାହିଁନୁ।
ବୁଝିନୁ ବୋଲି ବକ୍‌ସି ପରି
ଧରା ହୋଇଚୁ।

କବି କହିଲେ-ମଥାନତ କର।
ତୁ ମଥାନତ କଲୁ।
ସେ ମାରିନେଲେ ପୁରସ୍କାର।

ବୁଝିଥା, ମାନ୍ତ୍ରିକ ଆଦୌ ବୁଢ଼ା ହୁଏନି।
ଯେତିକି ଅଧିକ ହୁଏ ତା'ର ବୟସ
ସେତିକି ବଢ଼େ ତାର ସ୍ୱାର୍ଥପରତା।
ଦେଖିଲୁ-କେଡ଼େ ଛଟକରେ
ତୋ' ବୁଢ଼ା ଆଙ୍ଗୁଠିଟି ମାଗିନେଲେ ଦ୍ରୋଣ

କାପାଳିକ ସବୁବେଳେ କାପାଳିକ।
ସେ ହେଉ କବି କି ଦାର୍ଶନିକ।
ଖବର୍‌ଦାର କେବେ ଦେଖାଇବୁନି ବେକ।

ତୁ ଅବୁଝା ହେଲେ-
ହଜାର ଥର ସହିଦ ହେବୁ
ହଜାର ଥର କଟୁଥିବ
ଆମର ବେକ।

■

'ଗୋକର୍ଣ୍ଣିକା', ପୂଜା, ୧୯୮୭ରେ ପ୍ରକାଶିତ

କାନ୍ଧରେ ଲଙ୍ଗଳ

ମଂଚ ଉପରକୁ ଉଠିଆ ସନାତନ
ଲକ୍ଷେ ଜୟଜୟକାର ଆଜି
ତୋ' ଲାଗି।

କାନ୍ଧରେ ତୋ'ର ପଡ଼ିଥାଉ ଲଙ୍ଗଳ
ମୁଣ୍ଡରେ ଠେକା
ଅଣ୍ଟାରେ ଆଣ୍ଠୁ-ଲୁଚା ଲୁଗା।

ତୁ ଆଜି କୃଷକର ସ୍ୱପ୍ନ
ବଳଭଦ୍ର ପରି।
ତୋ' ପାଦ ତଳେ ଲହରୀ ଭାଙ୍ଗୁଚି
ଧାନ କ୍ଷେତର ସମୁଦ୍ର ସ୍ୱର୍ଣ୍ଣାଭ।

ଝଡ଼ ପରେ, ବଢ଼ି ମରୁଡ଼ିର କଷଣ ପରେ
ତୁ ମରିନୁ। ଆ...
ଶୁଣାଇଦେ ତୋ'ର କରୁଣ ଗାଥା

ତୋ' ଜୀବନର ଅମୃତ-ଗାନ,
ବାଣ୍ଟିଦେ ତୋର ଅର୍ଜିତ ଧାନ
ଏଇ କଙ୍କାଳଙ୍କ ହାତରେ।
କାଦୁଅ-ମଖା ତୋ' ପାଦ ତଳେ

କିଏ ପୋତିଚିରେ ସବୁଜ କଣ୍ଟା ?
ତାକୁ ଲଜ୍ଜା ନାହିଁ ! ତୋରି ହାତରୁ
ଅନ୍ନ ଖାଇ କିଏ ଖୋଜୁଚିରେ ତୋର ମରଣ ?
ଧିକ୍ ତାକୁ ।

ଆଜି ତୋର ଅର୍ଚ୍ଚନା ଲାଗି
ଉପସ୍ଥିତ ସାଧବବୋହୂମାନଙ୍କୁ
ତୁ ଦେଖ୍ । ଚଢ଼େଇଙ୍କ ବାଦ୍ୟ ନାଦ
ତୁ ଶୁଣ୍ । ଉଡ଼ନ୍ତା ବଗର ଡେଣାରେ
ତୋ' ଲାଗି ପତାକା ବାନ୍ଧିଚି
ତୋର ନିଜ ଗାଁ ।

ତୋର ଶୁଭ ଅଧିଷ୍ଠାନ
ହେଲେ ସେମାନେ ଫେରିପାଇବେ
ହଜିଲା ଦିନର ଅପୂର୍ବ ଶିହରଣ ।।

■

ରଚନା: କଟକ, ୧୭।୭।୮୭

ଫର୍ନେସ୍ ସହିତ ବନ୍ଧୁତା

ଝରକା ଖୋଲିଲେ ଧୂଆଁ
ଧୂଆଁ ତଳେ ଫର୍ନେସ୍
ଲୋହାସୁରର ଅଗ୍ନି-ବେଶ।

ସେଇଠିକି ଯାଇଚି ସନାତନ
ଅଙ୍ଗାର ହୋଇ ଫେରିବ।
ଆଉ କ'ଣ ସେ କରନ୍ତା ଯେ !

ହଜାର ବର୍ଷ ତଳେ
ତା'ର ବୋଲି ଥିଲା ଯେଉଁ ବିଲ
ଯେଉଁଠି ଉପୁଜିଥିଲା ସୁନାର ଶସ୍ୟ
ଦିନେ, ସେଇ ବିଲ ଉପରେ ଉଡ଼ିଲେ ଚିଲ
ବଢ଼ିଠାରୁ ଭୟଙ୍କର
ମରୁଡ଼ିଠାରୁ ନିର୍ଦ୍ଦୟ
ରାଜା ପୁଅ ମନ୍ତ୍ରୀ ପୁଅର ଦଳ।

ହିଡ଼ ମୁଣ୍ଡରେ ଗଡ଼ିଲା ସନାତନର ପାଞ୍ଚଣ
ଠେକା, ଗାମୁଛା ଆଉ ଶବ।
ସେଇ ଦିନଠୁ ସନାତନର ସ୍ୱତ୍ୱ
ଜମି ଉପରୁ ବିଲୁପ୍ତ।
ବିଲରୁ ଫେରିଲା ବେଳକୁ ସେ
ହୋଇ ଯାଇଥିଲା ପ୍ରେତ।

ଖଣିରୁ ଖଣି,
କାରଖାନାରୁ କାରଖାନା
ବଗିଚାରୁ ବଗିଚା
ବୁଲୁଚି ଯେଉଁ କଂକାଳଟି
ସେଇତ ସନାତନ।

ଆଉ କେତେ ଦିନ
ସେ ଧର୍ମାବତାର ବଟତଳେ
କରିଥାଆନ୍ତା ଉପବାସର ଅଭ୍ୟାସ ?
ତା'ଠାରୁ ବହୁତ ଭଲ
ଲୋହାସୁରର ଫର୍ନେସ୍ ସହିତ ବଂଧୁତା।

ଅଛି ବିଶ୍ୱାସ
କେଇ ଯୁଗ ଅଙ୍ଗାର ହେବାପରେ କ୍ରମାଗତ
ହୁଏତ ଫେରି ପାଇବ ସନାତନ
ତା'ର ଲୁଣ୍ଠିତ ରକ୍ତ
ଅପହୃତ ମାଂସ।

■

'ମନ୍ଥନ', ରାଉରକେଲା, ଜାନୁଆରୀ ୧୯୮୮ରେ ପ୍ରକାଶିତ

ଆର୍ତ୍ତି ନୁହଁ; ଆହ୍ୱାନ

ସନାତନର ପୁଚ୍ଛ ନାହିଁ ଅଛି ମୟୂରର,
ସନାତନର ଥଣ୍ଟ ନାହିଁ ଅଛି ବଗର।

ସେ କାହାକୁ ଚକିତ କି ଭୀତ
କାହାକୁ ଉତ୍ତୋଳନ କି ଦଳନ କରିବାର ଭୟ କାହିଁ?
ସଲାମ ନ ଦେଲ ନାହିଁ
ସାଲ୍ୟୁଟ୍ ନ କଲ ନାହିଁ
ପାଖକୁ ଯିବାରେ ଆପତ୍ତି କ'ଣ?

ତୁମେ ଯିଏ ହୁଅ-ଗୋଲାମ କି ତସ୍କର
ବଣିକ କି କାରିଗର
ସନାତନ ପାଖରେ ସଭିଙ୍କର ସମାନ ଅଧିକାର।

ସନାତନ ନୁହଁ ତୁମ ତ୍ରୁଟି ସବୁର ପଞ୍ଜିକାର
ସେ ଆଦୌ ପଚାରିବ ନାହିଁ
କେଉଁ ଦାୟରେ ପଡ଼ି କରିଚ ଅପରାଧ
କେତେ ଖଚ-ମିଛରୁ ଆୟ କରି ତିଆରି କରିଚ ସଉଧ-
ସେ ହିସାବ ସନାତନର କ'ଣ ହେବ।
ସେ ତ ମଳି-ମଲୁଖରୁ ଜନ୍ମିଚି
ଧୂଳିରେ ବସିଚି, ପତର ଖାଉଚି କନ୍ଦି ଖୋଳୁଚି
ଚୋବେଇ ଚୋବେଇ ପାଣି ଢୋକୁଚି

ଧଳା-କଳାର ବିବାଦରେ ସେ ଭଦ୍ରଲୋକି କରିବ କାହିଁକି ?

ତୁମେ ତୁମର ପ୍ରଶ୍ନ ନେଇ ଯାଅ
ସନ୍ଦେହ ନେଇ ଯାଅନା ।
ସେ ଚିହ୍ନାଇ ଦେବ-
କିଏ ତୁମର ମା', କିଏ ତୁମର ଭାଇ
ଜଣାଇ ଦେବ-କେତେ ଛଣ ବାଉଁଶରେ

ତିଆରି ହୋଇଚି ତୁମର ହାତ ଗୋଡ଼
କେଉଁ ଗଛର କାଠରେ ତିଆରି ହୋଇଚି
ତୁମର ଛାତି ହାଡ଼ ।

ସନାତନର ଉତ୍ତରରେ ତୁଷ୍ଟ
ନ ହେଲେ ବି କଷ୍ଟ ଲାଗିବନି ତୁମକୁ ।
ଗୋଲାମିର ଖୋଳରେ ଛଟପଟ ହେଉଥିବା ତୁମର ପ୍ରାଣକୁ
ସେ ପରିତ୍ରାଣ କରିବ
ଗଙ୍ଗା ଜଳ ଛିଞ୍ଚି ନୁହଁ
ଦୂର୍ବାକ୍ଷତ ପକାଇ ନୁହଁ
କାନ୍ଧରେ ହାତ ପକାଇ ।।

ମଶାଲର ଆଲୁଅରେ
ଜକଜକ ଦିଶିବ ତୁମପରି ନର୍କ ଭୋଗୁଥିବା
ଅଂଧ, ଜଡ଼ା, ମୂକ ଭାଇଙ୍କର ମୁହଁ ।

ସନାତନ ଗୁରୁ ନୁହେଁ-ସନାତନ ତୁମର ସାଥୀ
ନେତା ନୁହଁ-ବଂଧୁ
ଆର୍ତ୍ତି ନୁହଁ- ସେ ଏକ ଆହ୍ୱାନ
ମୃତ୍ୟୁ ନୁହଁ-ସେ ଏକ ନୂଆ ଜୀବନ ନିଶାଣ ।।

ସନାତନ ମଣିଷ ଜନ୍ମର କଥା କହୁଚି।
ପିମ୍ପୁଡ଼ିରୁ (କ୍ରମେ କ୍ରମେ) ବିବର୍ତ୍ତିତ ମଣିଷର ବ୍ୟଥା
ସେ ବୁଝିଚି ବୋଲି ଆପଣାର ଦୁଇ ଭ୍ରୂ-ମଧ୍ୟରେ ସେ
ପିନ୍ଧିଚି ଏକ ଅଶାଂତ, ନିଦ୍ରାହୀନ ଚକ୍ଷୁ।

ତୁମେ କହିପାର ସେ ଚକ୍ଷୁଟା ହିଁ ସନାତନ।
ସେଇ ନୟନରୁ ତୁମେ ଆଣିପାରିବ ବହ୍ନି
ପୋଡ଼ିପାରିବ ଗୋଲାମିର ଆବର୍ଜନା
ସେଇ ବହ୍ନିରେ ଜାଳିପାରିବ ସହସ୍ର ପ୍ରଦୀପ
କେବଳ ବହ୍ନି ନୁହେଁ, ସେଇ ନୟନରୁ ତୁମେ ଆଣିପାରିବ
ମୈତ୍ରୀର ହସ, ପ୍ରେମର ଅଶ୍ରୁ
ସେଇ ଚକ୍ଷୁଟା ହିଁ ଦୁଃଖୀ ମଣିଷର ଆଶା ଭରସା।।
କାହାକୁ ସନ୍ତୁଷ୍ଟ କରି
ମୟୂରମାନେ ପାଇଲେ ତାଙ୍କର ପୁଚ୍ଛ
କାହାର ଗୋଲାମି କରିବାରୁ
ଲମ୍ୱି ଯାଇଚି ବଗର ଥଣ୍ଟ
ସେ କଥା ତମେ ସନାତନକୁ ପଚାରନା।।
ଥଣ୍ଟ ତା'ର କ'ଣ ହେବ
ତା'ର କାହାକୁ ମାରିବାର ନାହିଁ
ଚନ୍ଦ୍ରିକା ବା ତା'ର କ'ଣ ହେବ ?
ତା'ର ତ କାହାକୁ ଆକୃଷ୍ଟ କରିବାର ନାହିଁ।।

ସନାତନ ଗୋଟାଏ ହାତ
ଖୋଲା ଆଉ ନିରସ୍ତ୍ର
ସେ ଜାଣେନା
କେଉଁ ଆସନରେ କେଉଁ ଭଂଗୀରେ ବସି
କେଉଁ ହାତ ଉଠାଇ ପ୍ରବଚନ ଦେଲେ
ଭକ୍ତମାନେ ନିମିଷକରେ ମେଷ
ଓ ମେଷମାନେ ନିମିଷକରେ ପାଲଟିଯାଆନ୍ତି ଭକ୍ତ।

ତମେ ଦେଖିବ-ସନାତନର ଧମନୀରେ
ଲାଲ୍ ପିମ୍ପୁଡ଼ିର ଧାର ଚାଲିଚି।

ବଳଦମାନେ ତାକୁ କାନ୍ଧ ଦେଇଛନ୍ତି
ପିଠିରେ କାଠିନ୍ୟ ପାଇଁ କେତେବେଳେ
ସନାତନ କଛପ
ତ କେତେବେଳେ କଛପଟି ହୋଇଯାଇଚି ସନାତନ।
ତୁମେ ତୁମର କମ୍ପିତ ହାତରେ
ଥରେ ହେଲେ ସନାତନକୁ ଛୁଇଁଦିଅ
ଯାବତୀୟ ନିର୍ଯାତନାରୁ ଶପଥର ଧାରାଟିଏ ତୁମର
ଧମନୀରେ ସଂଚରି ଯିବ
ତୁମ ହାତ ମୁଷ୍ଟିବଦ୍ଧ ହେବ
ସବୁ ହାତ ମୁଷ୍ଟିବଦ୍ଧ ହେବ।।

■

ସ୍ଫୁଲିଙ୍ଗ (ଅପ୍ରେଲ-ଜୁନ୍) ୧୯୮୮ରେ ପ୍ରକାଶିତ
ଆକାଶବାଣୀ (ବିବିଧଭାରତୀ) କଟକରେ ପ୍ରଚାରିତ

ଦୋହରା ବିଷୋଇ ! ପ୍ରଣାମ

କେଉଁ ରାଣୀର ଭଙ୍ଗା କାଚ, କିମ୍ବା
ରାଜ-ମୁକୁଟର ଟୁକୁରା ସାଉଁଟିବାକୁ
ମୁଁ ଏଥର ଗଂଜାମ ଆସିନି,
ଆସିଚି ଦୋହରା ବିଷୋଇକୁ ପ୍ରଣାମ କରିବାକୁ ।

ପ୍ରଣାମ ନିଅ ଦୋହରା ! ପ୍ରଣାମ ନିଅ ।

ଶୁଣ ଦୋହରା ! ମୁଁ ଏକା ଆସିନି ।
ମୋ' ସହିତ ଆସିଚି ସନାତନ ।
ତା' ଧମନୀରେ ତୁମରି ରକ୍ତ ଚାଲିଛି ।

ସନାତନ ଜଣାଇବାକୁ ଚହେଁ, ହେ ବୀର !
ଏବେ ମଧ୍ୟ ସଂଗ୍ରାମ ଶେଷ ହୋଇନି ।
ହଜାର ହଜାର ବଂଶଧର ତୁମର
ଏବେ ବି ଗୋତି ହୋଇ ଖଟନ୍ତି
ଗୃହ-ହୀନ ହୋଇ ବୁଲନ୍ତି
ବାର-ଦୁଆର ତେର-ପିଣ୍ଡା
ତୁମେ କ'ଣ ଜାଣିନ ଦୋହରା ?
ଶାଗୁଣାର ଗର୍ଭରେ କି ବାଘର ଆଁରେ
ମୟୂରର ଅଣ୍ଡରେ
କି କୁରାଢ଼ିର ବେଣ୍ଟରେ

ଯେଉଁଠି ତୁମେ ଥା'
ତୁମର ରଣ-ସଙ୍ଗୀତ ଶୁଣାଅ।

କୁଲାଡ଼ର ଗଡ଼ ଭାଙ୍ଗିଚି। ଭାଙ୍ଗୁ।
ହାତୀ ନାହିଁ, ଘୋଡ଼ା ନାହିଁ, ଥାଟ ନାହିଁ, ପାଟ ନାହିଁ।
ନ ଥାଉ। ନ ଥାଉ। ନ ଥାଉ।
ହାତରେ ଗଇଁତି କାନ୍ଧରେ କୋଦାଳ ଧରି
ପିମ୍ପୁଡ଼ିର ଧାର ପରି
ତୁମର ଲୋକମାନେ ତ ଅଛନ୍ତି!!

ଆଉ ଏକ ସୁସମ୍ବାଦ ଦୋହରା!
ସେଦିନର ରାଜା ଆଜି
ପାଲଟି ଯାଇଚି ସନାତନ,
ମୁଣ୍ଡରେ ଠେକା ଅଣ୍ଟାରେ ଦା' ଖୋସି
ଚାଲିଛି ଫସଲ କାଟିବାକୁ।

ଶୁଣ,... ପଥର-କଟାର ଗୀତ
ଗୀତ ନୁହେଁ, ତୁମର ନୀରବ ଅନ୍ୱେଷଣ।
ହେ ମହାସଂଗ୍ରାମ!
ତୁମେ କ'ଣ ଅନନ୍ତ-ଶୟନ କରୁଛ ?
ମୁଁ ତ ଜୀବିତ ନାହିଁ। ଚାଟୁକାର ଭୂମିକାରେ
ରହି ରହି ମୁଁ ମରିଚି। ଛାତିର ଅବସ୍ଥା
ଶୋଚନୀୟ। କାରବାର... ଲଜ୍ଜାକର।

ମୂଢ଼ ପ୍ରଫେସରଠାରୁ ଶିଖିଚି ମୁଁ କୂଟ-ବୁଦ୍ଧି,
ବଂଧୁଠାରୁ ପର-ନାରୀ ହରିବାର ଉପାୟ।
ବେପାରୀଙ୍କୁ ଗୁରୁ କରି ଶିଖିନେଇଚି ମୁଁ
ବିତ୍ତ-ବଢ଼ାଇବାର ସରଳ ଅଙ୍କ।

ମୋ’ କାମ ଲାଗି ଆଜି
ନିଜକୁ ନିଜେ ଥୁ-ଥୁ କରୁଚି ମୁଁ।

ହେ ମହାଜୀବନ! ସେଦିନର ଯୁଦ୍ଧରେ
ରାଜାର ରାଜତ୍ୱ ସିନା ଗଲା, ରାଣୀମାନେ
ସିନା ବେଙ୍ଗେଇ ବନ୍ଧରେ ବୁଡ଼ିମଲେ!

କିନ୍ତୁ, ମୋର ବିଶ୍ୱାସ-
ହାଣ ଖାଇବା ପରେ ମଧ
ତୁମେ ଏଇ ବନସ୍ତ ଛାଡ଼ି ଯାଇନ
ମାଟି ଛାଡ଼ି ଯାଇନ।
କାନ ଡେରି ଅପେକ୍ଷା କରିଛ
ସନାତନର ପାଦ ଶବ୍ଦକୁ।

ବିଶ୍ୱାସ କର ଦୋହରା! ଆଜି
ମୁଁ ତୁମକୁ ଧରାଇଦେବାକୁ ଆସିନି,
ପଛରୁ ଛୁରି ମାରିବାକୁ ଆସିନି,
ସନାତନକୁ ସାଙ୍ଗ କରି ଆସିଚି
ତୁମର ସମ୍ବର୍ଦ୍ଧନା କରିବାକୁ।

ନିଶ୍ଚୟ ଏଇ ନିର୍ଜନ ବନସ୍ତରେ କେଉଁଠି
ବାଘଙ୍କ ଆଖିର ହେପାଜତରେ
ଜଳୁଚି ତୁମର ଅଖଣ୍ଡ ଜ୍ୟୋତି।

ସନାତନର ଆଦେଶରେ, ଦୋହରା!
ମୁଁ ତୁମଠୁ ସଂଗ୍ରାମ ଶିଖିବାକୁ ଆସିଚି,
ତୁମଠୁ ସ୍ଫୁଲିଙ୍ଗ ନେବାକୁ ଆସିଚି।

■

‘ଗୋକର୍ଣ୍ଣିକା’, ପୂଜା, ୧୯୮୮ରେ ପ୍ରକାଶିତ

କାନ୍ଧ

କାନ୍ଧ କାଟୁନି। କାଟୁଚି
ତୁମର ଅତ୍ୟାଚାର।
ତଳକୁ ଓହ୍ଲାଇପଡ଼ କହୁଚି।

ଏ କାଂଧ ମୋର ନୁହଁ,
ସନାତନର। ମୁଁ
ତା'ଠାରୁ ଉଧାର ଆଣିଚି।

ମୁଁ ତ ପୁସ୍ତକ ଦାସ।
ମାଟିରେ ଥାଇ ନଥିଲା ଭଳି।
କିଛି ଉଠାଏନା, କିଛି ପକାଏନା।
କିଏ ବୁଣେ, କିଏ କୋଡ଼େ,
କିଏ କାଟେ
ଜାଣେନା। ଜାଣେ କେବଳ
ତୁମେ ଭୋଗ କର।
ମୋ'ପରି ଅପଦାର୍ଥ ଜନ୍ମ ହେବା
ଆବଶ୍ୟକ ନଥିଲା।

ଗୋଟାଏ ମୁଣ୍ଡ
ଦୁଇଟା ଚକ୍ଷୁ
ଛଡ଼ା

ମୋ'ର ଆଉ କ'ଣ ଅଛି
କ'ଣ ନାହିଁ
ଆବିଷ୍କାର କରିନି କେବେ।
ମୁଁ ଜଡ଼, ଏକ ମର୍ଦ୍ଦଳ ପରି
ଜଡ଼। ବଜାଇଲେ ବାଜିବି।
ଚମକାଇବି।
ନହେଲେ ପଡ଼ିଥିବି।
ସନାତନ
ମୋ' ପରି ଜଡ଼ କାହିଁକି ହେବ?

ତା' କାନ୍ଧରେ
ତମେ ବସିବାକୁ କିଏ!

ଓହ୍ଲାଇପଡ଼ କହୁଛି।
ଏ କାଂଧ ସନାତନର କାଂଧ।
ତାକୁ ପ୍ରଣାମ କର।
ନହେଲେ ଶବାରି ସହିତ
ତଳକୁ ପକାଇ ଦିଆଯିବ।।

■

'ସ୍ଫୁଲିଙ୍ଗ', ୧୯୮୮

କେଉଁଠି ପୋତି ହୋଇଚି

ସାତ ନଈ
ଚଉଦ ସେତୁ
କୋଡ଼ିଏ କଲ୍‌ଭର୍ଟ ପାରି ହୋଇ
ମୁଁ ଆସିଚି ।
କାହିଁକି ଆସିଚି ଜାଣ ?

ଏଇ ପାହାଡ଼ ତଳେ, ପଥର ତଳେ,
ସେତୁ ତଳେ, ସଡ଼କ ତଳେ, କେଉଁଠି
ପୋତି ହୋଇଚି ସନାତନର କଙ୍କାଳ
ମୁଁ ଖୋଜିବାକୁ ଆସିଚି ।

ବୋଝ ବୋଝ ମୋରମ୍ ପକାଇ
ସଡ଼କକୁ ଲାଲ କରିବାକୁ
ସେ ଆସିଥିଲା । ଟିଣ ଟିଣ ପିଚୁ
ରାନ୍ଧୁଥିଲା ତା' ଭଉଣୀ, କୁଢ଼ କୁଢ଼
ଗୋଡ଼ି ସଜାଉଥିଲା ତା' ମା' ।

ମୁଁ ଆଜି ସେମାନଙ୍କର ସନ୍ଧାନରେ
ଆସିଚି । ଏଠି କାହାନ୍ତି ସେମାନେ ।
ମୋରମ୍ ଅଭାବରେ ତାଙ୍କରି ରକ୍ତରେ
ଏ ସଡ଼କକୁ ଲାଲ କରାଯାଇନି ତ ?

ଏଇ କଳା ପିଚୁରାସ୍ତା ମୋତେ
ତାଙ୍କ ଲୋଚାକୋଚା ଚମଡ଼ା ପରି
ଦିଶୁଚି। ତାଙ୍କରି ହାଡ଼କୁ ଗୁଣ୍ଡକରି
ପଥର ସହିତ ମିଶାଯାଇନି ତ!

ରେ ଲଣ୍ଡା ପାହାଡ଼-
ତୁ ସନାତନ ଲାଗି ସମ୍ବେଦନାରେ
ଦଶାହ ପାଳୁନାହୁଁ ତ।

ଯେଉଁ ଯେଉଁ ଗଛମୂଳେ
ହାଲିଆ ହୋଇ ବସିଥିଲା ସନାତନ,
ଯେଉଁ ଯେଉଁ ଲତାରୁ ଫୁଲ
ତୋଳିଥିଲା ସନାତନର ନିରକ୍ଷରା ଭଉଣୀ,
ଯେଉଁ ସବୁ ଗଛରୁ ଶୁଖିଲା ଝଟା
ସଂଗ୍ରହ କରିଥିଲା ସନାତନର ମା'
ସେମାନେ ସବୁ ଏମିତି ମୂକ
ଏଡ଼େ ଦୁଃଖିତ ଦିଶୁଛନ୍ତି କାହିଁକି ?
ମୋ ଅନୁମାନ ସତ୍ୟ ନ ହେଉ।
ସନାତନ ସନାତନ ହୋଇ ଥାଉ।

ମୁଁ ସନାତନର ମୃତାହ ପାଳିବାକୁ
ଆସିନି। ଆସିଚି ସନାତନକୁ
ତା'ର ଉଚିତ ଜାଗାରେ ଠିଆ କରିବାକୁ।
ସନାତନ ବଞ୍ଚିଚି।
ମୋରମ୍ ସଡ଼କର ତଳେ ତା' ଛାତି ଅଛି।
ଦଶମହଲା ନିର୍ମାଣ ଲାଗି
ସନାତନ ହାଡ଼ ଦେଇଚି। ତା' ମା'ର
ଛାତିହାଡ଼ରେ ତିଆରି ହୋଇଚି ଲିଫ୍ଟ
ଭଉଣୀର ଆଖିରେ ଝରକା।

କେତେ କୋଠା, କେତେ ବାଲ୍‌କୋନି ଓ
ପୋର୍ଟିକୋ
କାନ୍ଧେଇ ଠିଆହୋଇଚି ସନାତନ।
ବାଲି ସିମେଣ୍ଟରେ କଂକ୍ରିଟ୍ ହୋଇଚି ସିନା
ମରିନି।

ସେ ଅଦାଲତରେ ଚଟାଣ ତଳେ ଶୋଇଚି,
ଟାଉନ୍ ହଲ୍‌ର କାନ୍ଥରେ ଠିଆହୋଇଚି
ପାଣିଟାଙ୍କି ମୁଣ୍ଡେଇଚି,
ଫର୍ନେସ୍‌ରେ ଜଳୁଚି
ଚିମ୍‌ନିରେ ସନାତନର ଧୂଆଁ।

ଏ ସବୁ ସୌଧର ପଲସ୍ତରା
ଛଡ଼ାଇ ଦିଅ-
ସନାତନର ଗୋଡ଼ ଦିଶିବ,
ଦିଶିବ ତା'ର ଦରଖିଆ ପେଟ।
ମୁଁ ଆଜି ସବୁ ସଡ଼କ ଉଖାରି
ସବୁ ସେତୁ, ସବୁ କୋଠାର ପଲସ୍ତରା ବିଦାରି
ସନାତନକୁ ମୁକ୍ତି ଦେବାକୁ ଆସିଚି।

■

ରଚନା: ୧୮।୫।୮୮ (କଟକ)
'ଝଙ୍କାର' ୧୯୮୮ରେ ପ୍ରକାଶିତ

ଗିରଫ ହୋଇଥିବା ପ୍ରଶ୍ନ

ପ୍ରଶ୍ନମାନଙ୍କୁ ଗିରଫ କରି ନିଆଯାଇଚି
ବୋଲି ଧରି ନେ' ନା ଆଉ ପ୍ରଶ୍ନ ନାହିଁ।

କେତୋଟି ପ୍ରଶ୍ନକୁ ସନ୍ତୁଷ୍ଟ କରି
କେତେକଙ୍କୁ ହାଜତକୁ ପଠାଇଦେଲେ
ପ୍ରଶ୍ନ ଶେଷ ହୋଇଯାଏନି।

ସନାତନ !
ପ୍ରଶ୍ନସବୁ ମୋ' ପରି ଭୀରୁ
କିନ୍ତୁ ତୋ'ପରି ସତ୍ୟ
ଅଗଣିତ।

ଆଜି ଗାଁରେ ପ୍ରଶ୍ନ
ସହରରେ ପ୍ରଶ୍ନ
ବିଲରେ, ବଣରେ, ଖଲାରେ, ଖଣିରେ
ଅସଂଖ୍ୟ ପ୍ରଶ୍ନର ଗୁଂଜରଣ।

ତୁ ଏକାଠି କରିନେ ସବୁ ପ୍ରଶ୍ନକୁ।
ଏକ ହେଲେ ସେମାନେ
ଛାତି ପତେଇଦେବେ ବନ୍ଧୁକ ଆଗରେ।

ନ୍ୟାୟ ଦାବି କରି ତୋ' ଲାଗି
ଗାଁର କିଆରି ଧାନଗଛର ଝଣ୍ଡା ଟେକିବ।
ସହରର ବସ୍ତିରେ ଉଠିବ ଜିନ୍ଦାବାଦ୍‌ର ଧ୍ୱନି

ଧାଡ଼ି ବାନ୍ଧି କୋଦାଳ ଆଉ ଗଇଁତିମାନେ
ତୋ' ପଛେ ପଛେ ଚାଲିବେ।

ରୁଣ୍ଡ ହେବେ ସେଇଠି
ଯେଉଁଠାରେ ପ୍ରତିଦିନ

ତୋ' ହକ୍‌ରୁ ତୋତେ ବଂଚିତ କରିବାକୁ
ଚାଲିଛି ମନ୍ତ୍ରଣା।
ସେଇଠି ହେବ
ତୋ' ପ୍ରଶ୍ନର ବିସ୍ଫୋରଣ।

■

ରଚନା କାଳ: ମେ ପହିଲା ୧୯୮୮, କଟକ

ସନାତନକୁ ରକ୍ତଦିଅ

ଭାଇ ! ଶୁଣିପାରୁଚ ତ ବୁଟ୍‌ର ଆୱାଜ୍ ?
ରାଇଫେଲ ବଟ୍‌ର ଉଚ୍ଚାରଣ
ଲୁହବୁହା ସେଲ୍‌ର ପଛେ ପଛେ
ବନ୍ଧୁକର ଧମକ–
ଶୁଣିପାରୁଚ ତ ଭାଇ ?
ସନାତନ ଉପରେ ପୁଣି ଏକ ଆକ୍ରମଣ।

ଆଜି ଆଉ ପଛରେ ଲୁଚି ରୁହନା
ବଟଗଛକୁ ଆଶ୍ରା ମାଗନା
ଜଉତିଷକୁ ହାତ ଦେଖାଅ ନା
ଆଜି ରେ-ରେ-କାର କରିବାକୁ ହବ
ସେମାନେ ସନାତନର ରକ୍ତ ନେବେ
ଆମକୁ ସନାତନକୁ ରକ୍ତ ଦେବାକୁ ହେବ।

ନ ହେଲେ ଚକରା ବିଷୋଇ ପରି ସେ ମରିଯିବ
ବକ୍‌ସି ପରି ବନ୍ଦି ହେବ
ଜୟୀ ପରି ଫାଶୀ ପାଇବ
ପଡ଼ି ରହିବ ସନାତନର ଶବ।
ନା ଭାଇ ! ଆଜି ସେମିତି ହେବନି
ସେମାନେ ସନାତନର ମୁଣ୍ଡ ନେଲେ
ଆମ ନିଜର ମୁଣ୍ଡ ଲଗାଇଦେବା ସନାତନର କାନ୍ଧରେ
ଜଣ ଜଣ କରି।

ଆସ ମୋର ଝୁମ୍ପୁଡ଼ିବାସୀ ଭାଇମାନେ!
ଆସ ମୋର ଶୁଷ୍କ-ବିଲର ମୂଲିଆମାନେ!
ଖଣିରୁ ଆସ, ଖଳାରୁ ଆସ
ବଣରୁ ଆସ, ପାହାଡ଼ରୁ ଆସ
ଗାଁରୁ ଆସ, ନଗରରୁ ଆସ
ଆସ ଉତ୍ତରରୁ, ଦକ୍ଷିଣରୁ, ପୂର୍ବରୁ, ପଶ୍ଚିମରୁ
ଆସ ଆଫ୍ରିକାରୁ, ଅଷ୍ଟ୍ରେଲିଆରୁ, କାମ୍ପୁଚିଆରୁ
ଆସ ଆସ, ଆସ ଆସ।

ଦଳ ଦଳ ଆସ
ପାହାଡ଼ରୁ ନିର୍ଝର ଝରିବା ପରି ଆସ
ଲଞ୍ଜାତାରା ଖସିବା ପରି ଆସ
ଝଞ୍ଜା ବହିବା ପରି ଆସ
ଆଜି ସନାତନକୁ ରକ୍ତ ଦେବାକୁ ହେବ।

ଅର୍ବୁଦ ଅର୍ବୁଦ ବାହୁରୁ ରକ୍ତ ଦେଇ
ଅର୍ବୁଦ ଅର୍ବୁଦ ମୁଣ୍ଡ ଲଗାଇ
ଠିଆ ହେବ ସନାତନ
ଦୁର୍ଜୟ ନିଶାଣ।
ଆସ ଭାଇ! ତୁମର ରକ୍ତ ମିଶାଇଦିଅ
ସନାତନର ଧମନୀରେ।
ଆସ ମା'! ସ୍ତନ୍ୟ ଦିଅ ସନାତନକୁ।
ଆସ ଭଉଣୀ! ଦିଅ ତୁମର ଗୁମ୍ଫିତ କ୍ରୋଧ
ସନାତନର ଛାତିକୁ
ଦିଅ ଦିଅ
ଦିଅ ଦିଅ
ଲକ୍ଷେ ମଶାଲ ଦିଅ
ସନାତନର ହାତକୁ।

ସନାତନ ଆମର ବିଶ୍ୱ
ତା'ର ଛାତି ଆମର ଛାତି
ଆମେ ଭାଇ ! ସନାତନର ଭାଇ ।
କୌଣସି ଆକ୍ରମଣକୁ କେବେ
ସନାତନ ଡରି ନାହିଁ
ଆମେ ବି ଡରିବା ନାହିଁ ।।

*ଦୋହରା ବିଶୋଇଙ୍କ ସଂଗ୍ରାମୀ ପୁତ୍ର । ସେ ଗୋରା ଫଉଜର ପ୍ରତିରୋଧ କରି ଘୁମୁସରରେ ପ୍ରାଣ ଦେଇଥିଲେ ।

'ଅଳକାନନ୍ଦା' ୧୯୮୯ରେ ପ୍ରକାଶିତ

ସନାତନ: ଶକ୍ତିମାନ୍

ଇତିହାସ
ନଈ ନଈ ରକ୍ତ ନେଇଚି ସନାତନର ଦେହରୁ
ଅଥଚ, ଟୋପାଏ ରକ୍ତ ଦେବାକୁ
ରାଜି ହୋଇନି କେଉଁ ଦିନ।

କୁହ ଇତିହାସ
କେଉଁ ରାଜାପୁଅ ଓହ୍ଲାଇ ପଡ଼ିଚି କି ଘୋଡ଼ାରୁ
ଆହତ ସନାତନକୁ କୋଳେଇ ନେବାକୁ ?
କେଉଁ ରାଜାଝିଅ କେବେ ସନାତନ ଲାଗି
ଶିବ ପୂଜା କରିବା ତୁମେ ଶୁଣିଚ କି ?

ଦିନେ ସନାତନର ରକ୍ତରେ
ଗାଧୋଇଥିଲା ଚଣ୍ଡାଶୋକ।
ସନାତନ ରକ୍ତ ଦେଲା ବୋଲି
ପୁରୁଷୋତ୍ତମ ଭୋଗ ଗଲା ପଦ୍ମାବତୀ।

ଅଥଚ ଯେଉଁଦିନ ସନାତନ ଆହତ
ସେଦିନ ଫାଟକ ବନ୍ଦ। ଭଣ୍ଡାର ବନ୍ଦ।
ସନାତନକୁ ମରିବାକୁ ପଡ଼ିଚି।

କିନ୍ତୁ ବିନା ରକ୍ତରେ, ବିନା ମାଂସରେ, ବିନା ଚର୍ବିରେ
ଯେ ମୃତ-ଘୋଷିତ ସନାତନ ଠିଆ ହୋଇପାରେ
ଏ କଥା ତୁମେ ଜାଣିଚ ଇତିହାସ।

ଭାଙ୍ଗେ ଦୁର୍ଗ। ଭାଙ୍ଗେ ଶାସନ।
କାଳ-କ୍ରମେ ମରିଯାଏ ସୈତାନ।
ହଜାର ହଜାର ହତ୍ୟା, ଫାଶୀ, ବୋମାମାଡ଼ ପରେ
ତଥାପି ଅମର ରହେ ଯେଉଁ ଶକ୍ତିମାନ
ସେଇ ଆମର ପ୍ରିୟ ସନାତନ୍।।

'ବହ୍ନିଶିଖା' ୧୯୮୯ରେ ପ୍ରକାଶିତ

ଦଖଲ

ଯେଉଁ ଦିନରୁ ଗାଁ ଛାଡ଼ିଚି ସନାତନ
ସେଇଦିନୁ ତା' ବିଲ ଚଷୁଚି ମହାଜନ।

କିଏ କହିବ କେଉଁ ଖଣ୍ଡକ ସନାତନର ଜମି
ସାକ୍ଷୀ ଦେବାକୁ ନାହିଁ କିଆବୁଦା।
ଦୂରରେ ବୁଢ଼ା ଗୁଣିଆ ପରି ଠିଆ ହୋଇଚି ଯିଏ
ନାଁ ତା'ର କୁଜା-ଖଜୁରି ଗଛ
ଆହା, କୁଜା ଖଜୁରି ଗଛକୁ ବି କିଣି ନେଇଚି ମହାଜନ।

ମହାଜନ ଭାବି ନ ଥିଲା
ଯେ ବର୍ମାରୁ ଫେରିବ ସନାତନ,
ଫେରିବ କଲିକତାର ଚଟକଲରୁ
ଫେରିବ ଆସାମର ଚା' ବଗିଚାରୁ
ଫେରିବ ବୋଲି ଅଜ୍ଞାତ ବାସରୁ।

କାଳେ ବିଲ ଦାବି କରିବ ସନାତନ
ରାତାରାତ୍ ମଠା ପାଲଟି
ଖଦଡ଼ ପିନ୍ଧିଲାଣି ମହାଜନ।
ନାକ ଅଗରେ ଚଷମା ରଖି
କାରୁଣିକ ପରି କଥା କହୁଚି ଧୀରରେ
ସର ପକାଉଚି ପାଣିରେ।

ହେଲେ- ବଗକୁ ଜାଣିବ ତା' ଅଣ୍ଟରୁ
ଭାଇ! ସୈତାନକୁ ଜାଣିବ ତା' ଆଣ୍ଠରୁ।

ସନାତନକୁ ବିଲ ଦେବନି ବୋଲି
ମହାଜନ ଗୋଟିଏ ପୁଅକୁ କରିଚି ଯନ୍ତ୍ରୀ
ଅନ୍ୟ ପୁଅକୁ ଠିକାଦାର
ଆଉ ଝିଅଟିକୁ ନେତ୍ରୀ
ଶିଖିଚି ଗୋଟିଏ ସ୍ଲୋଗାନ୍
ମୈତ୍ରୀ... ମୈତ୍ରୀ... ମୈତ୍ରୀ।

ସନାତନର ଘର ଡିହରେ ଅପରାଜିତା
ପ୍ରତିବର୍ଷ ଫୁଲ ଫୁଟେ ସେଥିରେ
ଫୁଲ ଫୁଟିଲେ ସନାତନକୁ ସପନ ଦେଖି
ହାଉଳି ଖାଏ ମହାଜନ।

ଥିଲେ ଥାଉ ଫାଟକରେ କୁକୁର ଓ ଦରୱାନ୍
ଆଜି ମହାଜନର ସାମ୍ନାକୁ
ବିନା ହତିଆରରେ ଯାଉଚି ସନାତନ।
ନିଜର ଡିହ, ନିଜର ବିଲ
ସେ ନେବ ଦଖଲ।
ତୁମେ ଯେଉଁମାନେ ସନାତନ ପରି କଙ୍କାଳ
ମରଣ ସହିତ ଯୁଦ୍ଧ କରି କରି ବଞ୍ଚିଛ,
ଯାହାଙ୍କ ବିଲ ସାମିଲ ହୋଇଚି ମହାଜନର ବିଲରେ
ଚାଲ, ସନାତନର ପଛେ ପଛେ ଚାଲ ରେ ରେ-କାର କରି ଚାଲ।

ତୁମକୁ ଏକାଠି ଦେଖିଲେ
ମହାଜନ ମଞ୍ଚାରୁ ଖସି ପଡ଼ିବ
ତୁମେ ତୁମର ଜମି ଦଖଲ ନେବ।

■

'ନୂଆଦୁନିଆ', ଭଗବତୀ ବିଶେଷାଙ୍କ (୧୯୮୯)ରେ ପ୍ରକାଶିତ

ଆଗେ ଆଗେ ସନାତନ

ଆଗେ ଆଗେ ସନାତନ
ପଛେ ପଛେ ଜନସାଧାରଣ ।

ମୋର ବୋଝ ତା' ମୁଣ୍ଡରେ
ମୋର ବାକ୍ୟ ତା' ତୁଣ୍ଡରେ

ବନ୍ଧୁକର ଗୁଳି ତା' ଛାତିରେ ବାଜିବ
ତାକୁ ହିଁ ଗିରଫ କରାଯିବ
ସେ ହିଁ ଭୋଗିବ ଜେଲ
ସହିବ ନିର୍ବାସନ ।

ତୁମେ ସନାତନକୁ ପର ବୋଲି
ଭାବନା ।
ସେ ମୋର ଯେତିକି
ତୁମର ମଧ୍ୟ ସେତିକି ।

କାହାଠାରୁ ସେ ଭିନ୍ନ
ନୁହେଁ । କାହାଠାରୁ
ଛିନ୍ନ ନୁହେଁ ।
ସେ ଆମ ଚକ୍ଷୁର ଚକ୍ଷୁ
ପ୍ରାଣର ପ୍ରାଣ ।

ସବୁ ଭାଇଙ୍କ ଛାତିରେ
ତା'ର ଦୃଢ଼ତା । ସଭିଙ୍କର
ବଂଧୁ ପୁରାତନ ।

ଗୋଟାଏ ସ୍ଲୋଗାନ୍ ବୋଲି ତାକୁ
ଭାବନା, ସେ ସନାତନ
ବିପୁଳ ଜୀବନର ମହାସଂଗ୍ରାମ ।

■

ରଚନା: କଟକ, ୮।୯।୮୮

BLACK EAGLE BOOKS

www.blackeaglebooks.org
info@blackeaglebooks.org

Black Eagle Books, an independent publisher, was founded as a nonprofit organization in April, 2019. It is our mission to connect and engage the Indian diaspora and the world at large with the best of works of world literature published on a collaborative platform, with special emphasis on foregrounding Contemporary Classics and New Writing.